서울교대 스토리텔링 3학년 수학 친구

서울교대 초등수학연구회(SEMC) 글 | 엔싹(이창우, 류준문) 그림

녹색지팡이

머리말

수학은 오랜 역사를 통해 발전되어 온 자연의 법칙을 이해하는 언어이며 지적 발달의 도구로 입증된 주요 과목입니다. 하지만 안타깝게도 전 세계의 사람들은 대부분 수학을 어려워하고 싫어합니다.

저는 어떻게 하면 우리 아이들이 수학 속의 참 재미를 알고 수학을 쉽게 공부할 수 있을지 고민하고 연구해 왔습니다. 그리고 오랜 연구 끝에 수학을 재미있게 공부하려면 다음과 같은 것들이 중요하다는 결론을 얻게 되었습니다.

첫째, 수학을 본격적으로 접하는 초등학교 때부터 올바른 공부법을 몸에 익혀야 합니다. 주변에서 흔히 수학을 제대로 공부하기 전부터 숫자 쓰기, 계산 문제 등으로 아이들의 흥미를 잃게 만드는 경우를 종종 볼 수 있습니다. 수학은 계산을 잘하는 능력이 아닌, 원리와 개념을 제대로 이해하고 그것을 응용하는 능력을 기르는 과목입니다. 자칫 계산 능력과 문제 풀이에 지나치게 집중하다가는 수학의 흥미를 놓치고 말 것입니다.

둘째, 시간이 걸리더라도 아이가 혼자서 곰곰이 생각해 보고, 스스로 문제를 해결하는 것이 중요합니다. 선생님이나 부모님은 먼저 가르치려고 하기보다 아이들이 스스로 이해하고 문제를 해결할 수 있도록 도와주어야 합니다.

셋째, 아이들 스스로가 수학의 참 재미를 알아야 합니다. 세계 3대 수학자 중 한 사람인 가우스는 말을 배우기 전부

터 스스로 계산하는 법을 깨우쳤고, 5세에 아버지의 계산 장부에서 틀린 것을 바로잡았다고 합니다. 그리고 18세에 평생 수학을 공부하겠다는 결심을 한 뒤 일기를 쓰기 시작했는데, 이것이 그 유명한 가우스의 수학 일기입니다. 가우스의 일기 속에는 새로운 수학적 사실의 발견에 기뻐하는 내용이 많다고 합니다. 이처럼 힘든 고민을 거듭하다가 스스로의 힘으로 문제를 해결했을 때 아이들은 수학의 참 재미와 뿌듯함을 느끼게 됩니다.

이 책은 이러한 결론들을 반영하여 만들었습니다.

단순한 계산이나 반복적인 문제 풀이가 아닌, 생활 속 이야기들로 수학의 개념과 원리를 자연스럽게 이해하고, 스스로 문제를 해결해 볼 수 있도록 구성하였습니다. 이 책을 혼자서 차근차근 읽어 나가는 사이, 아이들은 자신도 모르게 수학의 참 재미를 느끼게 될 것입니다. 또한 이 책은 교육 과정에서 다루는 1년 단위의 수학 속 개념을 영역별로 묶어 통째로 이해할 수 있도록 만들었기 때문에, 한 영역에서 부족한 부분이 있는 아이들과 다음 단계를 미리 공부하고 싶은 아이들 모두가 효과적으로 활용할 수 있습니다. 이 책을 통해 모든 어린이들이 수학에 더 큰 재미를 느끼고 신 나게 공부하기를 바랍니다.

2013년
서울교육대학교 총장
신항균

3학년 수학 친구, 이렇게 활용해요!

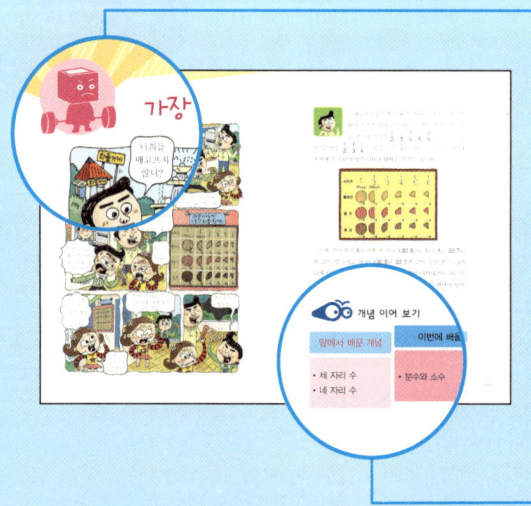

신 나게 개념 열기
재미있는 만화로 생활 속에서 일어나는 여러 가지 일을 수학적으로 어떻게 해결할지 예측해 보고, 선생님의 친절한 해설을 통해 앞으로 배울 개념을 미리 살펴봐요.

개념 이어 보기
해당 수학 영역 안에서 수학 개념의 흐름을 보고 스스로 부족한 부분과 더 배워야 할 부분을 한눈에 알 수 있어요.

쏙쏙 들어오는 수학 개념
선생님이 들려주는 생생한 이야기와 친절한 그림 설명을 통해 어렵게만 느껴지던 수학 개념이 머릿속에 쏙쏙 들어와요. 중간 중간에 선생님이 내는 수학 문제도 직접 해결해 볼 수 있어요.

모자란 1%까지 채워 주는 도움말
선생님과 친구들의 대화를 통해 중요한 개념은 다시 한 번 정리하고, 헷갈리거나 더 궁금해할 만한 내용을 시원하게 해결해 줘요.

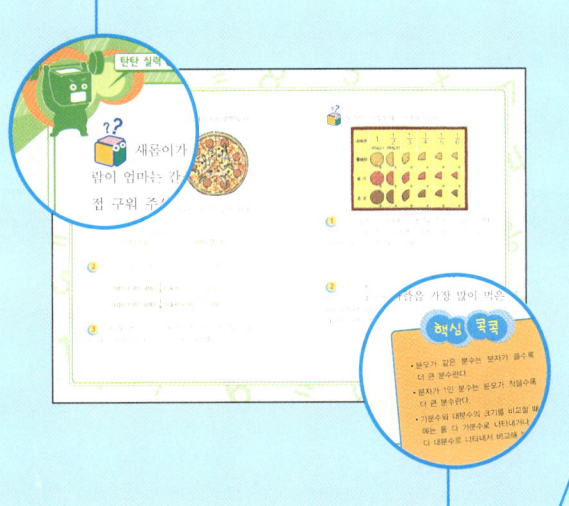

실력이 탄탄해지는 확인 문제

스토리텔링 형식의 여러 가지 활동을 통해 앞에서 익힌 개념을 스스로 확인하고 점검해요. 서술형 문제로 사고력과 문제 해결력도 키워요.

핵심을 콕콕 찍어 주는 힌트

스스로 문제 해결이 어려울 때 도움이 되고, 중요한 개념을 다시 한 번 정리할 수 있어요.

볼수록 궁금한 수학 이야기

숫자의 기원부터 천재 수학자의 숨겨진 이야기까지, 타임머신을 타고 과거 여행을 떠난 것처럼 수학의 역사와 관련된 흥미로운 이야기로 지식을 더욱 넓혀요.

더 똑똑해지는 수학 일기

그림 일기, 마인드맵, 신문 스크랩 등을 이용한 수학 일기를 써 보면서 수학 개념을 완벽하게 자신의 것으로 만들 수 있어요.

차례

분수와 소수

쏙쏙 개념 ❶ 분수 ······ 12
쏙쏙 개념 ❷ 소수 ······ 22
이야기 수학 ❶ 이집트 분수와 호루스의 눈 ······ 28
똑똑 수학 일기 ❶ 과일 주스에서 발견한 소수 ············ 30

큰 수의 덧셈·뺄셈·곱셈

쏙쏙 개념 ❸ 덧셈과 뺄셈 ······ 34
쏙쏙 개념 ❹ 곱셈 ······ 44
이야기 수학 ❷ 겔로시아 곱셈법 ······ 54
똑똑 수학 일기 ❷ 고추 따기 시합 ············ 56

나눗셈의 몫과 나머지

쏙쏙 개념 ❺ 똑같이 나누기 ······ 60
쏙쏙 개념 ❻ 나눗셈 ······ 70
이야기 수학 ❸ 이집트의 나눗셈 ······ 80
똑똑 수학 일기 ❸ 송편 빚기 ············ 82

특징이 있는 도형

쏙쏙 개념 ❼ 각과 평면도형 ······ 86
쏙쏙 개념 ❽ 도형 움직이기 ······ 94
쏙쏙 개념 ❾ 원 ······ 98
이야기 수학 ❹ 피라미드에 사용된 직각삼각형 ······ 104
똑똑 수학 일기 ❹ 미술 작품 속 도형 ············ 106

여러 가지 측정 단위

- 쏙쏙 개념 ⑩ 길이와 시간 …… 110
- 쏙쏙 개념 ⑪ 들이와 무게 …… 118
- 이야기 수학 ⑤ 우리 조상들이 사용했던 여러 가지 단위 …… 126
- 똑똑 수학 일기 ⑤ 요리에 숨겨진 수학의 비밀 …………… 128

규칙 찾기 · 자료 정리

- 쏙쏙 개념 ⑫ 규칙을 정해 무늬 꾸미기 …… 132
- 쏙쏙 개념 ⑬ 표와 그래프 …… 136
- 이야기 수학 ⑥ 아름다움을 디자인하는 수학 …… 142
- 똑똑 수학 일기 ⑥ 30번째 바둑알은 무슨 색? ………… 144

공부를 도와줄 **3학년 수학 친구들**

유튼튼 선생님

튼튼이라는 이름처럼 늘 몸과 마음이 튼튼해야 함을 강조한다. 뉴튼과 이름이 비슷하고, 좋아하는 분야도 비슷해서 뉴튼 선생님이라고 불린다. 수학뿐 아니라 세상의 이치와 자연의 섭리에 관심이 많다.

김새롬

활달한 성격에 귀여운 외모로 인기가 많다. 약간 덤벙대고 엉뚱하지만, 호기심이 많고 늘 새로운 것을 추구한다. 다람이를 좋아하면서 덩달아 수학도 좋아하게 됐다. 유튼튼 선생님과 함께 공부하면서 수학 실력이 부쩍 늘었다.

한다람

신중하고 자신의 생각을 논리적으로 표현하며, 뛰는 것보다 앉아서 책 보는 걸 더 좋아하는 성격이다. 유튼튼 선생님과 생활 속에서 수학적인 사실을 발견해 가며 수학 공부에 더 큰 즐거움을 느끼고 있다.

한눈에 훑어보는 3학년 수학

이 책에는 어떤 수학 개념들이 등장하는지, 2014년부터 새로 바뀌는 교과서와 어떻게 연계되는지 한눈에 볼 수 있어요. 교과서만 보고 이해가 되지 않는 개념을 이 책에서 찾아보세요.

영역	이 책의 구성	주요 개념	새 교과 연계
수와 연산	분수와 소수	- 분수로 나타내기 - 분수의 크기 비교 - 소수 알아보기 - 소수의 크기 비교	3-1 분수와 소수 3-2 분수
	큰 수의 덧셈·뺄셈·곱셈	- 받아올림이 있는 세 자리 수의 덧셈 - 받아내림이 있는 세 자리 수의 뺄셈 - 몇십과 몇의 곱셈 - 두 자리 수와 한 자리 수의 곱셈 - 두 자리 수와 두 자리 수의 곱셈	3-1 덧셈과 뺄셈 3-1 곱셈 3-2 덧셈과 뺄셈 3-2 곱셈
	나눗셈의 몫과 나머지	- 똑같이 묶어 덜어 내기 - 똑같이 나누기 - 곱셈과 나눗셈의 관계 - 두 자리 수를 한 자리 수로 나누기 - 나머지가 있는 나눗셈	3-1 나눗셈 3-2 나눗셈
도형	특징이 있는 도형	- 각과 직각 - 직각삼각형, 직사각형, 정사각형 - 도형 움직이기 - 원 그리기 - 원의 지름과 반지름	3-1 각과 평면도형 3-2 원
측정	여러 가지 측정 단위	- 길이의 단위 mm와 km - 길이의 덧셈과 뺄셈 - 시간의 계산 - 들이의 단위 L와 mL - 들이의 덧셈과 뺄셈 - 무게의 단위 g과 kg - 무게의 덧셈과 뺄셈	3-1 길이와 시간 3-2 들이와 무게
규칙성	규칙 찾기	- 규칙 찾기 - 규칙을 정해 무늬 꾸미기	3-2 규칙성
확률과 통계	자료 정리	- 표로 나타내기 - 그림그래프로 나타내기	3-2 표와 그래프

가장 큰 와플은?

새롬이가 분수에 대해 잘 몰라서 그만 가장 작은 와플 조각을 골랐구나. 와플 가게의 메뉴판에는 와플 조각의 크기가 $\frac{1}{2}, \frac{1}{3}, \frac{1}{4}, \frac{1}{5}, \frac{1}{6}$과 같이 표시되어 있었어. $\frac{1}{2}, \frac{1}{3}, \frac{1}{4}$ … 등과 같은 수를 바로 분수라고 한단다. 전체에서 부분의 양을 나타낼 때에는 분수로 표시하지.

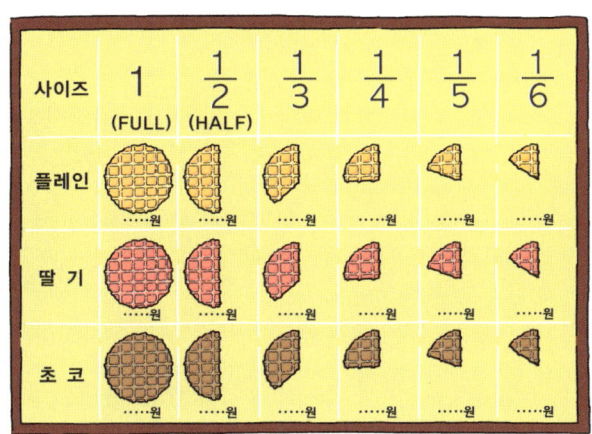

흔히 키나 몸무게를 말할 때 키는 130.5cm, 몸무게는 32.7kg과 같이 말하기도 하지? 130.5나 32.7과 같이 수를 좀 더 정확하게 나타내기 위해 숫자 사이에 점을 찍어 나타내기도 하는데, 이러한 수는 소수라고 한단다. 소수는 분수와 깊은 관련이 있어. 이제 분수와 소수에 대해 자세히 알아볼 준비가 되었니?

개념 이어 보기

앞에서 배운 개념	이번에 배울 개념	뒤에서 배울 개념
• 세 자리 수 • 네 자리 수	• 분수와 소수	• 다섯 자리 이상의 수 • 소수 두 자리 수, 소수 세 자리 수

쏙쏙 개념 ❶

분수

3학년 1학기
분수와 소수
3학년 2학기
분수

0과 1 사이의 수 세기

피자 1판, 2판, 3판…. 피자가 몇 판인지 셀 때에는 이렇게 숫자 1, 2, 3, … 등으로 수를 세어 나타내지? 그렇다면 피자 1판을 여러 조각으로 나누었을 때, 나눈 피자 조각은 피자 1판 중에서 얼마만큼인지 숫자로 어떻게 나타내야 할까? 피자 1판을 숫자 1로 나타냈는데, 나눈 피자 1조각도 숫자 1로 나타낼까?

1보다 작은 조각들의 수를 셀 수 있는 새로운 수가 필요해.

전체와 부분을 모두 숫자 1로 나타낸다면 어떤 것이 피자 1판이고, 어떤 것이 피자 1조각인지 구분하기가 힘들 거야.

이럴 때 필요한 수가 바로 분수야. 분수는 1보다 작은 수를 나타낼 때 쓴단다. 우리가 즐겨 먹는 맛있는 와플 조각도 분수로 나타낼 수 있어.

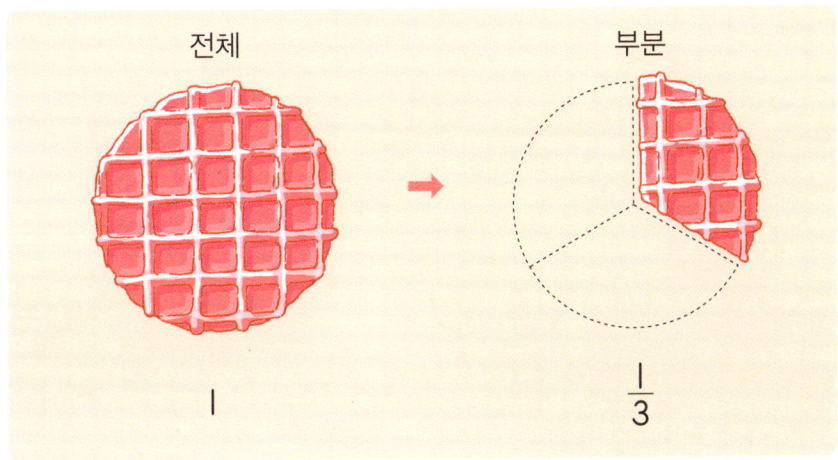

딸기 와플 $\frac{1}{3}$은 딸기 와플 1개를 똑같이 3조각으로 나누었을 때, 전체 3조각 중의 부분인 1조각을 말한단다.

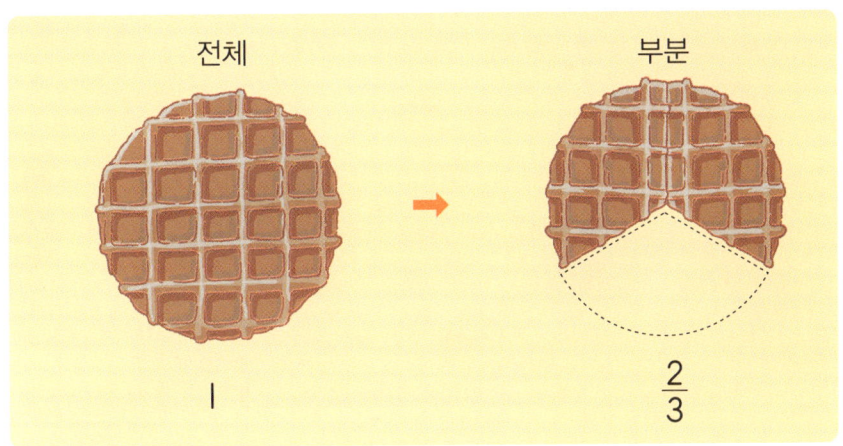

초코 와플 $\frac{2}{3}$는 초코 와플 1개를 똑같이 3조각으로 나눈 것 중의 부분 2조각이겠지? 와플 $\frac{2}{3}$는 와플 $\frac{1}{3}$이 2개 있는 것과 같아.

여기서 $\frac{1}{3}$, $\frac{2}{3}$와 같은 수가 바로 분수란다.

$\frac{1}{3}$와플이 2개이면 분수로 $\frac{2}{3}$라고 나타낸단다. 와플 1개를 똑같이 3조각으로 나눈 것 중에서 2조각이란 뜻이지.

$\frac{2}{3}$는 $\frac{1}{3}$의 2배인 거네요.

클수록 작아지는 수

1, 2, 3, …은 인류의 탄생과 함께 자연스럽게 발생한 수라고 해서 자연수라고 부른단다.

분수는 전체를 나타내는 수와 부분을 나타내는 수, 그리고 이 둘을 구분 짓는 가로선으로 이루어져 있어. 딸기 와플 $\frac{1}{3}$처럼 전체를 똑같이 3으로 나눈 것 중의 부분 1을 $\frac{1}{3}$로 쓰고, 삼분의 일이라고 읽는단다. 이때, 가로선 위의 수 1을 분자, 가로선 아래의 수 3을 분모라고 해.

분수와 구분하기 위해 1, 2, 3, … 등과 같은 수는 자연수라고 부른단다. 자연수와 다르게 분수는 두 개 이상의 수로 이루어져 있어서 조금 어렵게 느껴지니? 그럴 땐 다음과 같이 생각해 보렴.

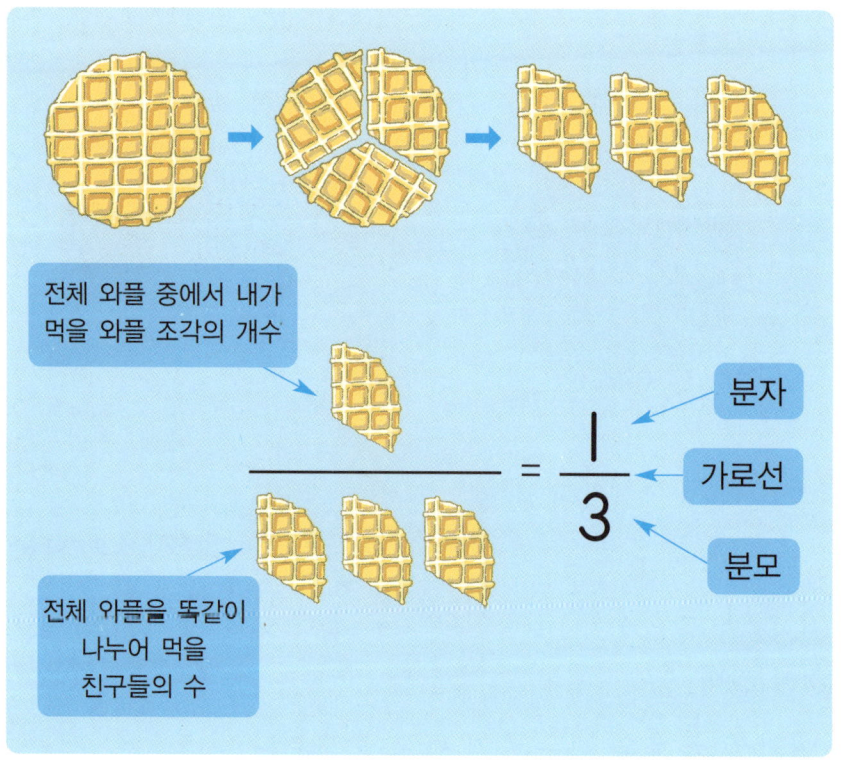

와플 $\frac{1}{3}$이 1개 있는 것보다는 2개 있는 게 당연히 더 많겠지? $\frac{2}{3}$는 $\frac{1}{3}$이 2개 있는 수이고, $\frac{1}{3}$보다 커. 이처럼 분모가 같을 때에는 분자가 클수록 큰 분수란다. 그럼 반대의 경우는 어떨까?

분수는 일상생활에서 다양하게 사용된단다. 요리 책을 보면 물 $\frac{2}{3}$컵, 간장 $\frac{1}{4}$큰술과 같이 재료의 양을 분수로 나타낸 것을 볼 수 있어.

다람이가 고른 플레인 와플 $\frac{1}{2}$과 새롬이가 고른 딸기 와플 $\frac{1}{6}$의 크기를 그림으로 비교해 보렴. $\frac{1}{2}$이 $\frac{1}{6}$보다 크다는 걸 알 수 있지? 이처럼 분자가 같을 때에는 분모의 크기가 클수록 작은 분수란다.

$\frac{1}{2}, \frac{1}{3}, \frac{1}{4}$과 같이 분자가 1인 분수는 단위분수라고 해. 그리고 $\frac{1}{2}, \frac{2}{3}, \frac{3}{4}$과 같이 분자가 분모보다 작은 분수를 진분수라고 하지. 따라서 단위분수는 진분수도 된단다.

진짜 분수와 가짜 분수

분모와 분자가 같아지면 1이 돼.

$\frac{1}{10}$이 10개인 $\frac{10}{10}$도 1, $\frac{1}{100}$이 100개인 $\frac{100}{100}$도 1! 아무리 숫자가 커져도 분모와 분자가 같은 분수는 결국 자연수 1이야.

와플로 분수에 대한 설명을 듣다 보니 배가 고프지 않니? 선생님이 와플을 더 사 줄게. 먹고 싶은 만큼 먹고, 너희가 먹은 와플의 개수를 분수로 나타내어 보렴.

새롬이가 먹은 와플의 개수를 분수로 나타내면 $\frac{8}{6}$이야. 이처럼 **분자가 분모와 같거나 분모보다 더 큰 분수를 가분수**라고 해. 원래 분수는 1보다 작은 수를 세기 위해 만들어진 수인데, 1보다 커졌으니 처음 생각했던 것과는 조금 다른 분수라고 해서 그렇게 이름 붙인 거란다.

다람이가 먹은 플레인 와플 1개와 초코 와플 $\frac{1}{4}$을 합쳐서 분수로 $1\frac{1}{4}$이라고 쓰고, 일과 사분의 일이라고 읽는단다. 이와 같이 자연수와 진분수가 섞여 있는 분수를 대분수라고 해. 대분수와 가분수는 서로 바꾸어 나타낼 수 있어.

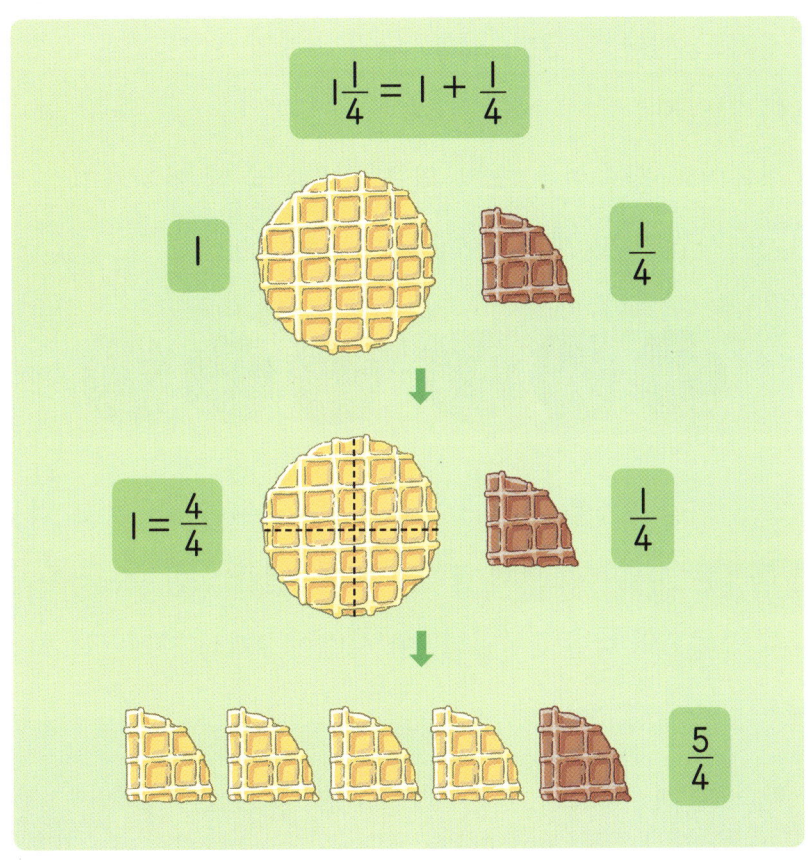

1은 $\frac{1}{4}$이 4개인 것과 같아.

$1\frac{1}{4}$은 $\frac{1}{4}$이 5개인 것과 같아.

대분수를 가분수로 바꾸어 볼까? 다람이가 먹은 와플 $1\frac{1}{4}$ 중 와플 1개를 $\frac{1}{4}$조각 4개로 바꾸고, 원래 있던 $\frac{1}{4}$조각을 더하면 가분수인 $\frac{5}{4}$가 되지.

이번에는 가분수를 대분수로 바꾸어 보자. 새롬이가 먹은 와플 $\frac{8}{6}$ 중에서 $\frac{1}{6}$조각 6개는 $\frac{6}{6}$으로 자연수 1과 같아. 그러니까 대분수로 나타내면 $1\frac{2}{6}$가 된단다.

어느 것이 더 큰 분수일까?

분수는 1보다 작은 수를 나타내기 위해 만들어졌지만, 1보다 큰 수에서도 전체의 부분만큼을 나타내는 데 사용된단다.

새롬이와 다람이가 열심히 공부하는 모습이 대견해 보였나 봐. 와플 가게에서 팔고 남은 와플을 가져가고 싶은 만큼 가져가도 된다고 했어. 초코 와플 6개와 딸기 와플 8개가 남아 있었지.

새롬이와 다람이는 초코 와플 6개를 $\frac{1}{2}$씩 가져가기로 했어. 한 사람이 몇 개씩 가져가야 할까?

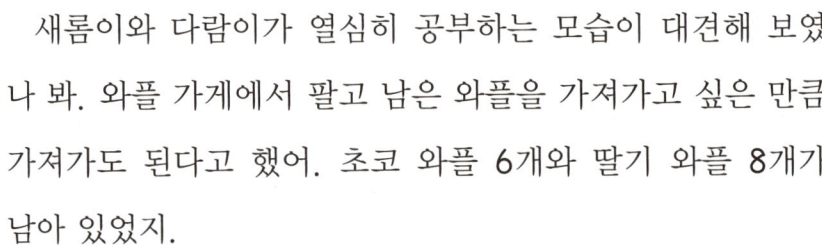

초코 와플 6개를 똑같이 2묶음으로 나누어 봐. 초코 와플 한 묶음은 3개야. 초코 와플 한 묶음은 전체의 반, 즉 $\frac{1}{2}$이야. 다시 말해 6의 $\frac{1}{2}$은 3이란다. 한 사람이 3개씩 가져가야 하겠지.

  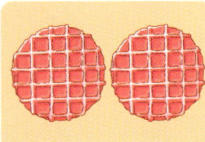 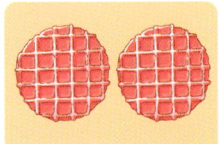

$\frac{1}{2}$은 하나의 반이라는 뜻도 있지만 전체 개수 중의 반이라는 뜻도 있어.

딸기 와플 8개는 두 사람이 $\frac{1}{4}$씩 가져가기로 했어. 한 사람이 몇 개씩 가져가야 할까?

딸기 와플 8개를 똑같이 4묶음으로 나누면 한 묶음은 2개지? 딸기 와플 한 묶음은 전체의 $\frac{1}{4}$이야. 즉, 8의 $\frac{1}{4}$은 2란다. 그러니까 한 사람이 2개씩 가져가면 돼.

새롬이와 다람이는 각자 가져간 와플을 짝꿍에게 나누어 주었어. 새롬이의 짝꿍은 초코 와플 $\frac{1}{4}$조각을 6개 먹었고, 다람이의 짝꿍은 초코 와플 1개와 딸기 와플 $\frac{1}{4}$조각 3개를 먹었대. 그럼 누가 와플을 더 많이 먹은 걸까?

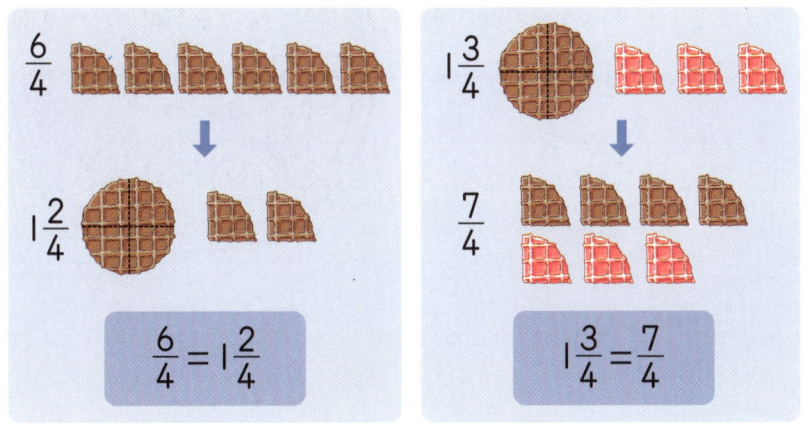

새롬이의 짝꿍이 먹은 와플은 $\frac{6}{4}$이고, 다람이의 짝꿍이 먹은 와플은 $1\frac{3}{4}$이야. 분모가 같은 가분수와 대분수의 크기를 비교할 때에는 둘 다 가분수로 나타내거나 둘 다 대분수로 나타내서 비교하면 된단다.

둘 다 가분수일 때에는 분자를 비교해서 분자가 큰 쪽이 더 큰 분수야.

$$\frac{6}{4} < \frac{7}{4}$$

둘 다 대분수일 때에는 자연수 부분을 먼저 비교해. 그래서 자연수가 큰 쪽이 더 큰 분수인 거고, 자연수가 같을 때에는 분자가 큰 쪽이 더 큰 분수인 거야.

$$1\frac{2}{4} < 1\frac{3}{4}$$

비교해 보니 다람이의 짝꿍이 와플을 더 많이 먹었구나.

대분수와 가분수를 서로 바꾸어 나타낼 수 있으면, 나중에 배울 분수의 덧셈과 뺄셈, 곱셈과 나눗셈을 할 때에도 무척 편리하단다. 잘 공부해 두렴.

탄탄 실력 ❶

새롬이가 다람이네 집에서 함께 숙제를 하고 있었어. 다람이 엄마는 간식으로 맛있는 피자를 직접 구워 주셨어. 피자 1판은 8조각으로 똑같이 나누어져 있었지. 새롬이는 피자 조각 4개를, 다람이는 피자 조각 3개를 먹었어.

1 다람이 엄마가 구워 주신 피자 전체에서 1조각을 분수로 나타내어 볼까?

☐ 이라고 쓰고, ☐ 이라고 읽는다.

2 새롬이와 다람이가 먹은 피자를 각각 분수로 나타내어 보자.

새롬이가 먹은 피자는 $\frac{1}{8}$이 4개이니까 ☐ 이고,

다람이가 먹은 피자는 $\frac{1}{8}$이 3개이니까 ☐ 이다.

3 다람이와 새롬이 중 피자를 더 많이 먹은 친구는 누구일까? 그리고 남은 피자는 얼마나 될지 분수로 나타내어 보렴.

 새롬이는 가족과 와플 가게에 갔단다.

사이즈	1 (FULL)	$\frac{1}{2}$ (HALF)	$\frac{1}{3}$	$\frac{1}{4}$	$\frac{1}{5}$	$\frac{1}{6}$
플레인	……원	……원	……원	……원	……원	……원
딸기	……원	……원	……원	……원	……원	……원
초코	……원	……원	……원	……원	……원	……원

① 새롬이 동생은 이 가게에서 두 번째로 큰 딸기 와플과 세 번째로 큰 초코 와플이 먹고 싶다고 했어. 동생은 어떤 와플을 주문하면 될지 메뉴판을 보고 생각해서 써 보렴.

② 새롬이 아빠는 플레인 와플 $2\frac{1}{6}$개, 엄마는 딸기 와플 $\frac{7}{6}$개, 새롬이는 초코 와플 2개를 먹었단다. 엄마가 드신 와플을 대분수로 나타내어 보겠니? 그리고 아빠, 엄마, 새롬이 중 와플을 가장 많이 먹은 사람과 적게 먹은 사람을 말해 보렴.

핵심 콕콕

- 분모가 같은 분수는 분자가 클수록 더 큰 분수란다.
- 분자가 1인 분수는 분모가 작을수록 더 큰 분수란다.
- 가분수와 대분수의 크기를 비교할 때에는 둘 다 가분수로 나타내거나 둘 다 대분수로 나타내서 비교해 보렴.

쏙쏙 개념 ❷

소수

3학년 1학기
분수와 소수

모양은 다르지만 같은 수

화창한 봄날이야! 오늘은 꽃으로 보기에도 예쁘고 맛도 좋은 화전을 만들 거란다. 하얀 찹쌀 반죽 덩어리 10개가 보이니? 화전을 만들 때, 반죽이 너무 크면 잘 익지 않고 꽃잎을 붙이기도 힘들기 때문에 선생님이 미리 똑같은 크기의 작은 찹쌀 반죽 10개로 나누어 놓았단다.

화전은 고려 시대부터 전해지는 전통 음식 중 하나야. 찹쌀가루로 빚은 반죽 위에 제철에 나는 꽃잎을 장식하여 지진 떡으로 '꽃지지미', '꽃부꾸미' 라고도 불러.

작은 찹쌀 반죽 1개는 전체를 똑같이 10으로 나눈 것 중 1개이므로 $\frac{1}{10}$ 이지.

분수 $\frac{1}{10}$ 은 **0.1**이라 쓰고, **영 점 일**이라고 읽어. **0.1, 0.2, 0.3,** …과 같은 수를 **소수**라고 하고, 이때 '.'을 **소수점**이라 하지.

소수점 뒤의 1은 **소수 첫째 자리의 수**가 된단다.

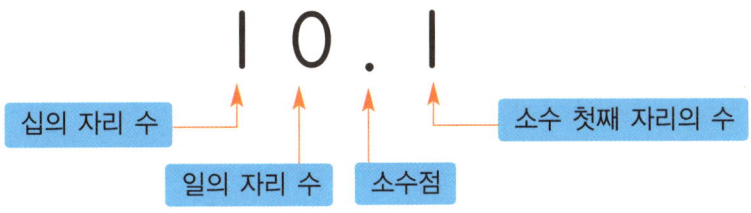

작은 찹쌀 반죽 10개 중 5개는 진달래 꽃잎을, 3개는 개나리 꽃잎을, 2개는 배 꽃잎을 붙여 화전을 만들었어.

전체 화전 중에서 진달래 화전은 10으로 나눈 것 중 5개니까 $\frac{5}{10}$, 개나리 화전은 10으로 나눈 것 중 3개니까 $\frac{3}{10}$, 배 화전은 10으로 나눈 것 중 2개니까 $\frac{2}{10}$야. 소수로 나타내면 진달래 화전은 0.5, 개나리 화전은 0.3, 배 화전은 0.2란다.

너희도 분수를 소수로 나타내고, 읽어 보렴.

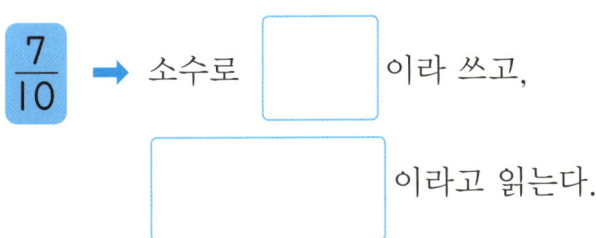

$\frac{5}{10}$는 $\frac{1}{10}$이 5개, $\frac{3}{10}$은 $\frac{1}{10}$이 3개, $\frac{2}{10}$는 $\frac{1}{10}$이 2개인 거야. 그걸 소수로 나타내면 $\frac{5}{10}$=0.5, $\frac{3}{10}$=0.3, $\frac{2}{10}$=0.2야.

친구들은 화전을 많이 먹어 보지 않았을 텐데, 이번에 먹어 보니 어땠니? 다람이는 피자보다 맛있다고 하는데, 새롬이는 그래도 피자가 더 맛있다고 하는구나.

화전을 만들어 먹었는데도 피자가 먹고 싶다는 반 친구들을 위해 선생님이 피자 3판을 시켜 주기로 했어. 피자 1판은 10조각으로 나누어져 있었지. 친구들은 피자 2판을 먹었고, 나머지 1판 중에서는 7조각을 먹고 3조각이 남았지.

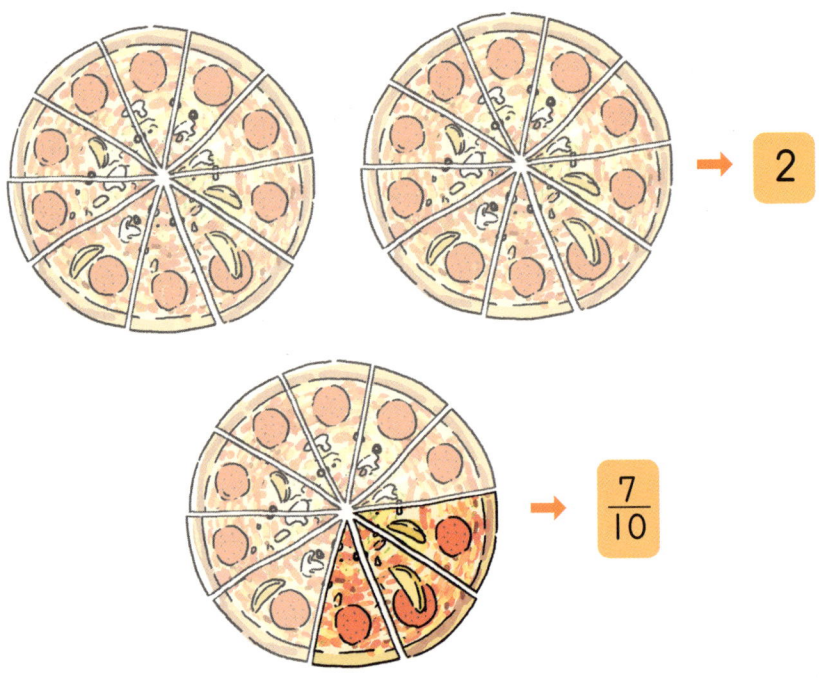

> 키, 몸무게, 음료의 양, 거리 등을 표시할 때에는 분수보다 소수가 훨씬 간단하고 편리하단다.

친구들이 먹은 피자를 분수로 나타내면 $2\frac{7}{10}$이야. 그럼 소수로는 어떻게 나타낼까? $\frac{7}{10}$이 0.7이니까 2와 0.7이지? 2와 0.7만큼은 2.7이라 쓰고, 이점 칠이라고 읽는단다.

소수의 크기 비교

$\frac{2}{10}$가 $\frac{1}{10}$이 2개인 분수였듯이 0.2는 0.1이 2개인 소수란다. 그러니까 0.1보다는 0.2가 더 크고, 0.2보다는 0.3이 더 큰 소수겠지?

그럼 1.3과 0.7 중에 어느 것이 더 클까? 대분수에서 분수 부분이 아무리 크더라도 자연수 부분이 작으면 더 작은 분수라고 했던 것 기억나지? 소수도 마찬가지란다. 1.3과 0.7은 소수 첫째 자리의 수는 0.7이 더 크지만 자연수 부분은 1.3이 더 커. 그러니까 1.3이 0.7보다 큰 소수란다. 1.3에서 3은 소수 첫째 자리의 수로 0.3을 나타내지.

분수와 소수의 크기를 비교할 때 분수를 소수로 고치거나, 소수를 분수로 고쳐서 비교하면 쉽단다.

$2\frac{3}{10} > 1\frac{7}{10}$ → **대분수의 크기 비교**
대분수의 자연수 부분을 먼저 비교

$1.3 > 0.7$ → **소수의 크기 비교**
소수의 자연수 부분을 먼저 비교

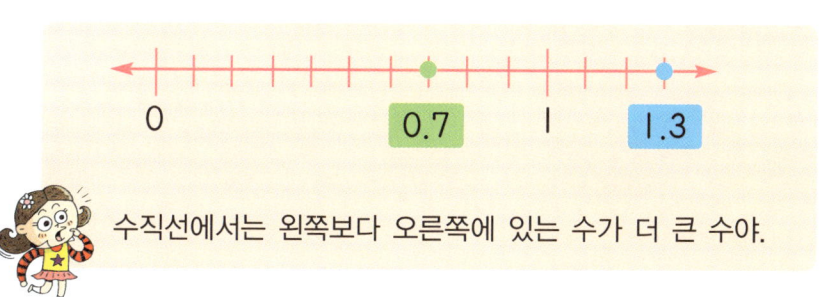

수직선에서는 왼쪽보다 오른쪽에 있는 수가 더 큰 수야.

탄탄 실력 ②

다람이는 가족과 딸기 축제에 갔어. 딸기 밭에서 직접 딸기를 따고, 딸기 잼 만들기 체험도 하며 즐거운 시간을 보냈지. 다람이네 가족은 딸기 잼을 작은 병 10개에 나누어 담았어. 다람이는 딸기 잼 전체의 0.3을 집으로 가져가고, $\frac{2}{10}$는 새롬이에게 선물로 주고, 나머지는 아름다운 가게에 기증하기로 했단다.

① 다람이가 새롬이에게 선물하려는 딸기 잼은 전체의 얼마인지 소수로 나타내어 보렴.

② 다람이네 가족이 아름다운 가게에 기증할 딸기 잼은 전체의 얼마인지 소수로 나타내어 보렴.

오늘은 신체검사를 하는 날이야. 보건 선생님이 가져오신 기계 위에 올라서자 키와 몸무게가 한 번에 측정되었지. 새롬이와 다람이도 이 기계에 서서 키와 몸무게를 쟀단다.

① 새롬이의 키는 138.7cm이고, 다람이의 키는 140.1cm야. 누가 더 키가 큰지 말해 보렴.

② 새롬이의 몸무게는 33.2kg이고, 다람이의 몸무게는 33.9kg야. 누가 더 몸무게가 적게 나가는지 말해 보렴.

핵심 콕콕

소수의 크기를 비교할 때에는 소수점 앞의 자연수의 크기를 먼저 비교하고, 자연수의 크기가 같으면 소수 첫째 자리 수의 크기를 비교해.

이야기 수학 ❶

이집트 분수와 호루스의 눈

사람들이 분수를 언제부터 사용했는지 정확히는 모르지만, 수가 생기고 얼마 되지 않아 분수도 생겼다고 해. 그러니까 무척이나 오래된 것만은 확실하겠지?

먹을 것을 사냥한 뒤 저장해 두었다가 나누어 먹었던 원시인들에게는 물고기 한 마리라도 똑같이 나누는 것이 굉장히 중요했어. 그래서 전체를 똑같이 나누었을 때 전체에서 부분의 양을 나타내는 분수가 오래전부터 사용되었을 거라 추측하지.

기원전 1800년경 이집트 사람들이 분수를 가장 먼저 사용한 것으로 알려져 있어. 고대 이집트에서는 분수를 쓸 때 $\frac{2}{3}$를 제외하고, 모든 분자를 1로 나타냈다고 해. $\frac{1}{4}$과 같은 단위분수뿐 아니라 $\frac{3}{4}$과 같은 분수도 $\frac{1}{2}+\frac{1}{4}$과 같이 단위분수의 합으로 나타냈단다.

먼저 2개의 빵을 각각 2등분하여 1개씩 나누고, 남은 1개의 빵을 다시 4등분하면 각자에게 $\frac{1}{4}$씩 돌아가지? 그럼, 한 사람이 먹는 빵은 $\frac{1}{2}$과 $\frac{1}{4}$이 된단다.

이집트 사람들이 사용한 단위분수는 $\frac{1}{2}, \frac{1}{4}, \frac{1}{8}, \frac{1}{16}, \frac{1}{32}, \frac{1}{64}$이야. 여기에는 호루스 신과 관련된 신화가 전해진단다.

아주 오래전 고대 이집트에는 하늘의 신과 땅의 신 사이에서 태어난 오시리스라는 신이 있었어. 오시리스의 동생인 세트는 성격이 매우 포악했는데, 왕이 되고 싶은 마음에 형 오시리스를 죽였지. 하지만 오시리스의 아내 이시스가 남편을 부활시켜 저승의 왕이 되게 했고, 저승의 힘으로 아이를 가졌지. 그 아이가 바로 호루스란다.

어른이 된 호루스는 아버지 대신 복수를 하기 위해 세트를 물리치고 왕이 되었지만, 그 과정에서 왼쪽 눈이 산산조각 나고 말았단다. 지혜의 신 토드가 왼쪽 눈을 고쳐 주면서 호루스의 눈에 분수로 표현되는 여러 능력을 나누어 주었대. 그 뒤, 호루스의 건강한 오른쪽 눈은 태양이 되고, 토드가 되찾아 준 왼쪽 눈의 검은 눈동자는 달이 되어 이집트의 낮과 밤을 밝혀 주게 되었단다.

호루스의 눈을 분할한 단위분수들을 모두 더하면 $\frac{63}{64}$으로 1에서 $\frac{1}{64}$이 모자란데, 이는 호루스의 눈을 만들어 준 토드 신이 보충해 준다고 해.

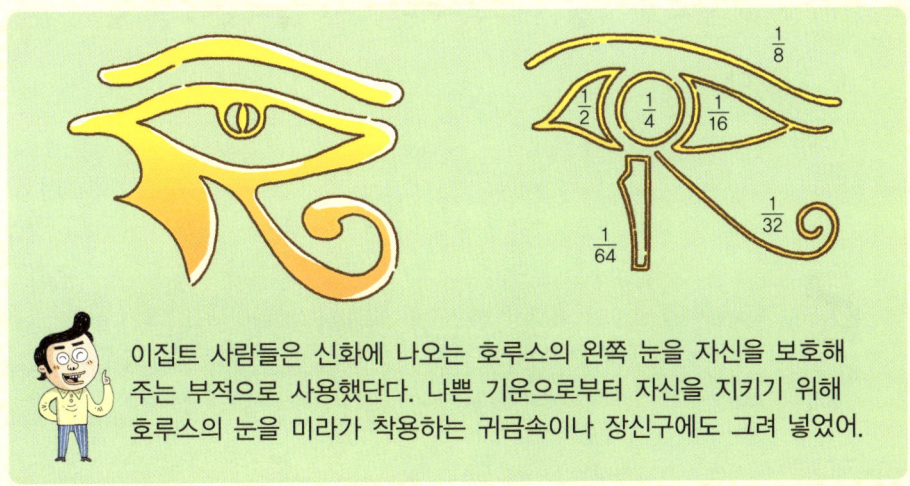

이집트 사람들은 신화에 나오는 호루스의 왼쪽 눈을 자신을 보호해 주는 부적으로 사용했단다. 나쁜 기운으로부터 자신을 지키기 위해 호루스의 눈을 미라가 착용하는 귀금속이나 장신구에도 그려 넣었어.

똑똑 수학 일기 ❶

날짜 20☆♡년 ♧월 △일 날씨 맑음

제목 과일 주스에서 발견한 소수

아빠가 사 주신 과일 주스 병에서 소수를 발견했다. 사과 주스 병에는 2.3L라고 적혀 있고, 감귤 주스 병에는 1.7L라고 적혀 있었다. 소수 2.3을 분수로 나타내면 $2\frac{3}{10}$이고, 1.7은 $1\frac{7}{10}$이다. 사과 주스가 감귤 주스보다 자연수 부분이 더 크니까, 사과 주스가 감귤 주스보다 더 양이 많다는 것을 쉽게 알 수 있었다.

디람이가 소수를 분모가 10인 분수로 바꾸어 나타내고, 크기 비교까지도 참 잘했구나! 소수 옆에 적힌 L은 '리터'라는 들이의 단위란다.

장난감의 수 세기

 마트에 진열되어 있는 장난감을 보고, 금방 개수를 알아낸 다람이, 정말 똑똑하지 않니? 선생님의 어린 시절을 보는 것 같구나. 하하하! 다람이처럼 곱셈을 이용하면 금방 수를 알 수 있어 편리한 경우가 많단다.

다람이가 어떻게 장난감의 개수를 금방 알 수 있었는지 좀 더 이야기해 볼까? 다람이는 장난감이 8개씩 7줄로 진열되어 있으니까 8개씩 7묶음이라고 생각했어. 8개씩 7묶음은 곱셈으로 하면 8×7이지. 8의 단 곱셈구구를 생각해 보면 8×7의 답을 금방 알 수 있겠지?

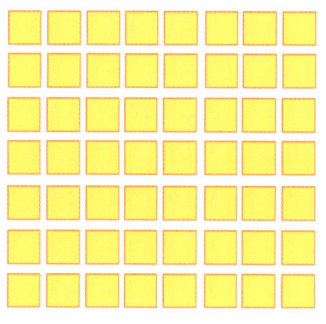

이렇게 '한 자리 수×한 자리 수'는 곱셈구구를 외워 보면 간단히 알 수 있는데, 한 자리 수의 곱셈이 아닌 경우에는 어떻게 해결해야 할까? 선생님과 함께 큰 수의 곱셈은 어떻게 계산하는지 알아보도록 하자. 아 참, 그 전에 받아올림과 받아내림이 있는 세 자리 수의 덧셈과 뺄셈에 대해서 먼저 알아볼 거야. 그럼 다람이처럼 영특했던 선생님의 어린 시절 이야기부터 시작해 볼까?

 개념 이어 보기

앞에서 배운 개념	이번에 배울 개념	뒤에서 배울 개념
• 두 자리 수의 덧셈과 뺄셈 • 곱셈식과 곱셈구구	• 세 자리 수의 덧셈과 뺄셈 • 곱셈	• 곱셈과 나눗셈

쏙쏙 개념 ❸

덧셈과 뺄셈

3학년 1학기
덧셈과 뺄셈
3학년 2학기
덧셈과 뺄셈

세 자리 수의 덧셈과 뺄셈

너희는 나중에 커서 어떤 일을 하고 싶니? 선생님의 어렸을 적 꿈은 슈퍼마켓 주인이었단다. 슈퍼마켓에 가면 계산대 근처에 있던 알록달록한 커다란 알사탕! 슈퍼마켓 주인이 되면 좋아하는 알사탕을 마음껏 먹을 수 있다고 생각했던 거야.

어느 날, 선생님은 부모님을 따라 이모네 집에 갔어. 이모네는 슈퍼마켓을 운영하고 계셨지. 평소 선생님이 슈퍼마켓 주인이 되고 싶어 한다는 걸 잘 아시는 부모님께서 이모에게 말씀려 그날 하루 알사탕을 팔 수 있게 해 주셨단다.

이모가 말씀하셨어.

"튼튼아, 잘할 수 있지? 튼튼이가 처음 할 일은 지금 알사탕이 모두 몇 개 있는지 계산해 보는 거야. 어젯밤에 알사탕이 272개 있었는데, 오늘 아침에 알사탕 519개가 더 들어왔거든. 계산해서 이 공책에 적어 놓고 시작하자꾸나."

선생님은 의기양양했어. 어젯밤에 있던 알사탕 272개와

알사탕이 모두 몇 개인지 알아보려면 덧셈식을 이용하면 되겠네.

오늘 아침에 들어온 알사탕 519개를 더하면 지금 알사탕이 모두 몇 개 있는지 쉽게 알 수 있잖아. 선생님은 이미 학교에서 덧셈을 배웠거든.

어젯밤에 있던 알사탕 272개

알사탕 272개를 몇백몇십 개로 어림해 보겠니?

오늘 아침에 들어온 알사탕 519개

272는 280보다 270에 가까워.

덧셈을 하기 전에 몇백 개로 어림을 해 보았지. 어림은 대강 짐작해서 헤아려 보는 거란다. 어림해 보면 정확한 답을 알 수는 없어도 대략적인 수의 크기를 알 수 있거든. 알사탕 272개를 몇백 개로 어림하면 200개보다 300개에 가까우니까 약 300개야. 519개는 600개보다는 500개에 가까우니까 약 500개이고. 그래서 300개에 500개를 더하면 800개 정도 될 거라고 어림했단다.

그러고 나서 정확하게 계산을 하려고 공책에 적어 보았어. 그냥 계산하려니 조금 어렵게 느껴져서 세로셈으로 계산해야겠다고 생각했어.

$$272 + 519$$

$$\begin{array}{r} 272 \\ +519 \\ \hline 7811 \end{array}$$

'오른쪽 일의 자리부터 먼저 더해 가야 해. 2와 9를 더하면 11, 그다음 7과 1을 더하면 8, 2와 5를 더하면 7이니까, 7811? 엥? 그럴 리가 없는데….'

선생님은 결과가 조금 이상하다고 생각했어. 알사탕이 낱개는 따로 있었고, 10개씩 1봉지에, 그리고 10봉지씩 1상자에 담겨 있었거든. 그러니까 1상자에는 알사탕 100개가 들어 있는 셈이지.

어림해 본 걸로는 약 800개 정도였잖아. 그러니까 8상자 정도여야 맞지. 그런데 7811이면 알사탕 100개가 들어 있는 상자가 78상자나 있어야 하는데, 차이가 너무 많이 나잖아?

선생님이 어디서 계산을 잘못했을까? 잘못된 곳을 찾았니?

받아올림이나 받아내림이 있는 계산은 세로셈으로 하면 더 편리해.

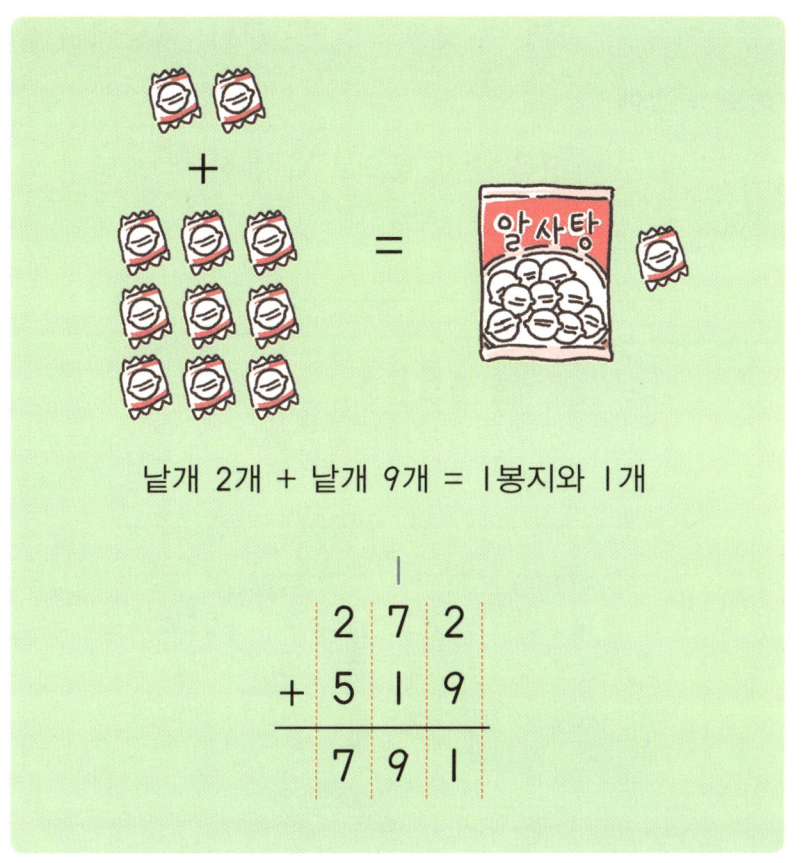

다시 계산해 볼까? 낱개 2개와 9개를 더하면 11개니까 10개는 1봉지로 묶어 줘. 그럼 10개짜리 1봉지가 1개 더 늘어나는 거지. 그러니까 일의 자리의 계산 2+9=11에서 1은 일의 자리에 쓰고 1은 십의 자리로 올려 주는 거야.

이번에는 십의 자리를 계산해 보자. 올려 준 1까지 합해서 1+7+1=9, 그다음 백의 자리는 2+5이니까 7이야. 그래서 모두 791개가 나왔지. 이제 제대로 계산한 것 같지?

선생님이 공책에 다시 적어 놓은 세로셈 계산식을 보시고, 이모가 칭찬해 주셨어.

일의 자리 숫자의 합이 10이거나 10보다 크면 십의 자리로 받아올림해야 해. 선생님이 처음에 그 부분에서 실수를 한 거란다.

"튼튼이는 세 자리 수 덧셈도 잘하는구나. 나중에 선생님 해도 되겠어."

알사탕의 수 계산을 수 모형으로 다시 한 번 보면서 확인해 볼까?

각 자리 숫자끼리의 합이 10이거나 10보다 크면 바로 윗자리로 받아올림 하면 되는 거야.

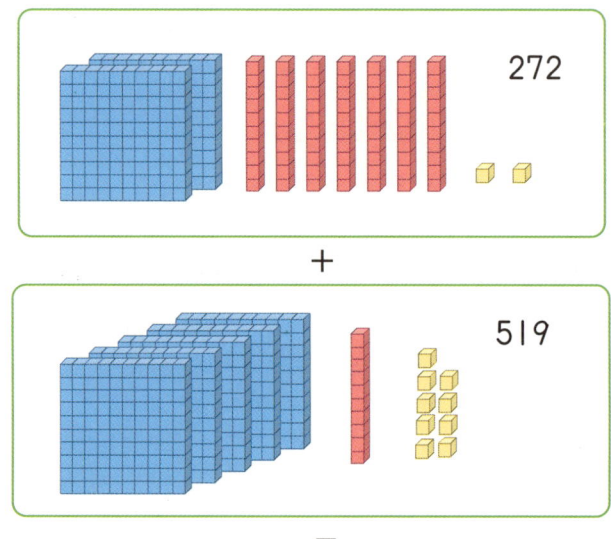

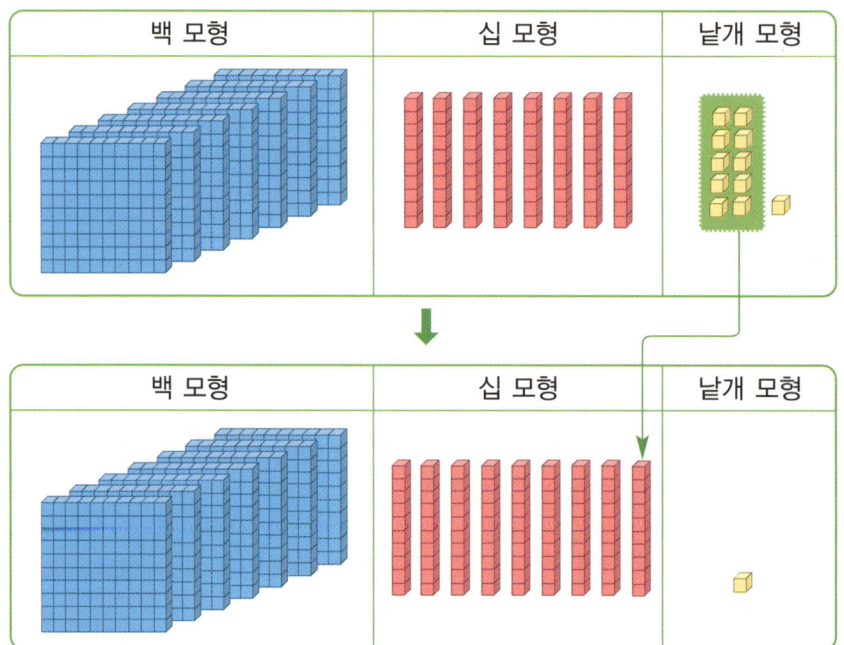

그날따라 알사탕을 사는 손님들이 많아서 선생님은 바쁘고 힘들었어. 게다가 슈퍼마켓 주인이라고 알사탕을 마음대로 먹을 수 있는 게 아니더라고.

그날 하루 팔린 알사탕은 모두 497개였어. 이모가 다시 선생님에게 말씀하셨지.

"튼튼이 오늘 하루 정말 수고 많았다. 그러면 이제 마지막으로 팔고 남은 알사탕이 몇 개인지 계산해 줄래?"

아침에 알사탕이 791개였는데 497개를 팔았으니까 791-497. 이번에도 선생님은 몇백 개로 어림을 해 봤지. 약 800개에서 500개를 빼면 300개쯤? 알사탕이 3상자 정도 남았겠다고 생각했단다.

남은 수를 구해야 하니까 뺄셈식을 이용해야겠어.

800

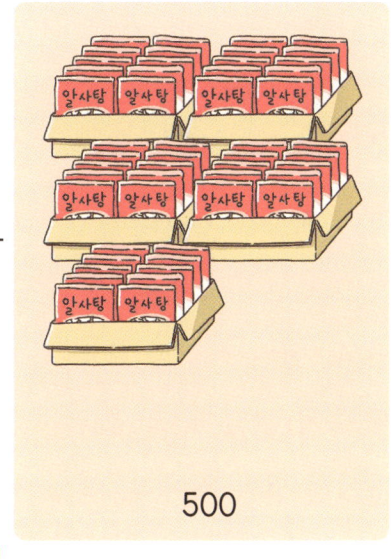
500

300

그러고는 공책에 세로셈으로 적어 봤어. 그런데 하루 종일 알사탕을 파느라 정신이 없었는지 1에서 7을 어떻게 빼야 하는지 머릿속이 깜깜해지는 거야. 뭐? 너희는 알고 있다고?

왜 세로셈 계산은 항상 뒤에서부터 하나요?

$$\begin{array}{r} {\scriptstyle 8\ 10} \\ 7\!\!\!/\,9\!\!\!/\,1 \\ -\ 4\ 9\ 7 \\ \hline 4 \end{array} \rightarrow \begin{array}{r} {\scriptstyle 10} \\ {\scriptstyle 6\ 8\ 10} \\ 7\!\!\!/\,9\!\!\!/\,1 \\ -\ 4\ 9\ 7 \\ \hline 2\ 9\ 4 \end{array}$$

선생님도 곧 정신을 차리고 십의 자리에서 수를 받아내림 했지. 각 자리의 숫자끼리 뺄 수 없을 때에는 바로 윗자리에서 10을 받아내림해서 계산하면 된단다. 일의 자리 숫자끼리 뺄 수 없을 때에는 십의 자리에서 받아내림하고, 십의 자리 숫자끼리 뺄 수 없을 때에는 백의 자리에서 받아내림하면 되지. 십의 자리에서 10을 빌려 왔으니 십의 자리 수 9는 8로 고치고, 일의 자리 수는 11이 되니까 11에서 7을 빼면 4. 십의 자리를 빼려고 보니, 십의 자리 역시 8에서 9를 뺄 수가 없었어. 또 빌려 오자. 어디에서? 이번에는 백의 자리에서 빌려 와야지. 백의 자리 수 7에서 빌려 오면 백의 자리 수 7은 6으로, 십의 자리 수 8은 18로 바꾸어야지. 18에서 9를 빼면 십의 자리 수는 9. 백의 자리 수는 6에서 4를 빼면 2. 그러니까 팔고 남은 알사탕은 294개라는 걸 알 수 있었지.

이것도 수 모형으로 확인해 볼까?

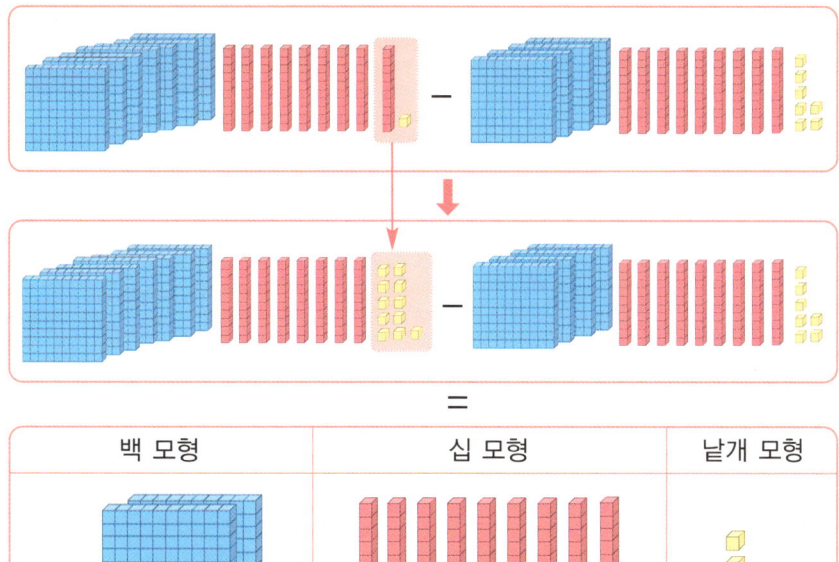

이번에는 너희가 직접 덧셈과 뺄셈을 해 보렴.

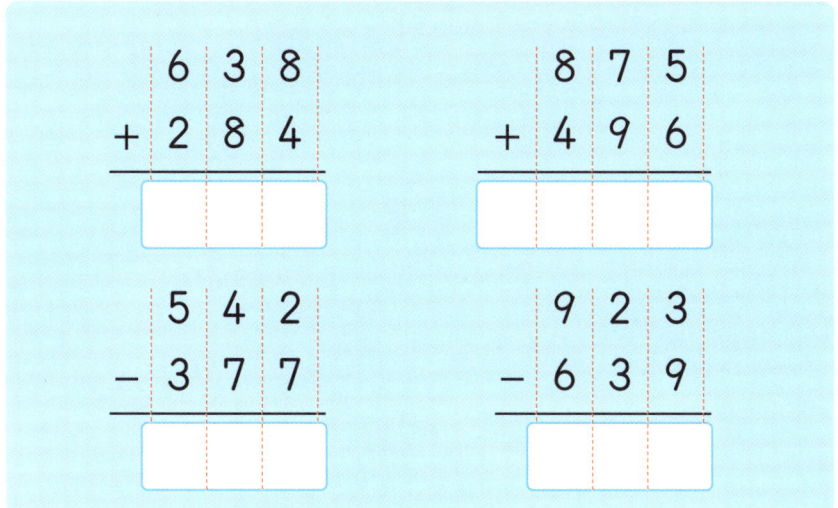

일의 자리 수를 계산할 때 1에서 7을 뺄 수 없으니 십의 자리에서 10만큼을 빌려 와서 11에서 7을 빼야 하지. 앞에서부터 하다 보면 자꾸 답을 고쳐야 하고 헷갈리거든.

어때? 너희에게도 선생님과 같은 기회가 생긴다면 잘해 낼 수 있겠지? 하지만 선생님은 그날 이후로 슈퍼마켓 주인이 되겠다는 꿈을 바꾸었단다. 하하!

탄탄 실력 ❸

빵을 만드는 빵 공장에 여러 종류의 빵들이 많이 있구나. 소보로빵, 단팥빵, 새롬이가 좋아하는 피자빵도 있네. 너희가 빵과 숫자들을 이용해서 덧셈과 뺄셈 문제를 한번 만들어 볼래? 먼저 선생님이 문제를 하나 만들어 볼게.

> 튼튼이는 소보로빵 345개와 단팥빵 123개를 샀습니다.
> 모두 몇 개를 샀을까요?

어때? 어렵지 않지? 그럼 숫자 298과 139를 이용해서 덧셈식과 뺄셈식 문제를 만들어 보고 계산해 보렴.

1 덧셈식 문제

식

답

2 뺄셈식 문제

식

답

 다음은 새롬이의 시험지란다. 새롬이가 틀린 이유는 무엇인지 쓰고, 바르게 고쳐 보자.

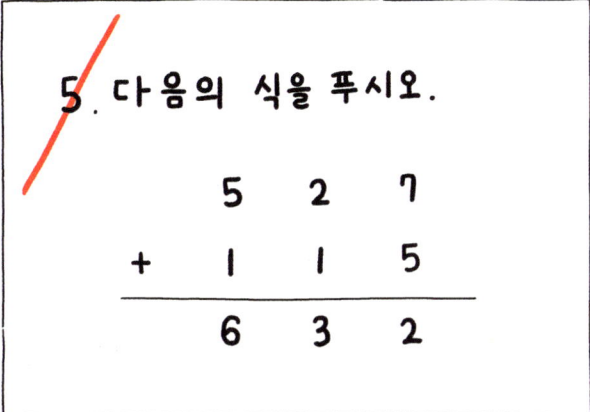

① 새롬이가 틀린 이유를 설명해 보렴.

② 바르게 고쳐 풀어 보렴.

$$\begin{array}{r} 5\ 2\ 7 \\ +\ 1\ 1\ 5 \\ \hline \end{array}$$

핵심 콕콕

받아올림을 해서 계산할 때에는 받아올린 수를 빠뜨리고 계산하지 않도록 유의하렴.

쏙쏙 개념 ❹ 곱셈

3학년 1학기
곱셈
3학년 2학기
곱셈

(몇십)×(몇)의 계산

이모네 슈퍼마켓 한쪽에서는 문구도 팔았어. 잠시 이모가 자리를 비우셨는데, 손님이 들어와서 연필 8자루를 산다고 하는 거야. 손님이 선생님에게 가격을 물었지.

70원짜리 연필 8자루는 얼마인지 70을 8번 더하면 알 수 있어. 그런데 여러 번 더하는 건 너무 번거롭지. 이럴 때 곱셈을 이용하는 거야.

선생님은 침을 꼴깍 삼키고는 예전에 배웠던 곱셈을 떠올렸어. 그 당시에 연필 1자루는 70원이었거든. 70원짜리 연필 8자루는 70×8. 머릿속으로 얼른 7의 단 곱셈구구를 외웠지. 7×8=56이니까 70×8=560.

"네. 560원입니다."

휴, 얼마나 긴장이 되던지…. 손님은 560원을 내고 나갔단다.

그런데 70×8을 계산하면서 선생님이 왜 7×8=56인 것을 먼저 머릿속에 떠올렸는지 아니? 수 모형으로 한번 생각해 보자.

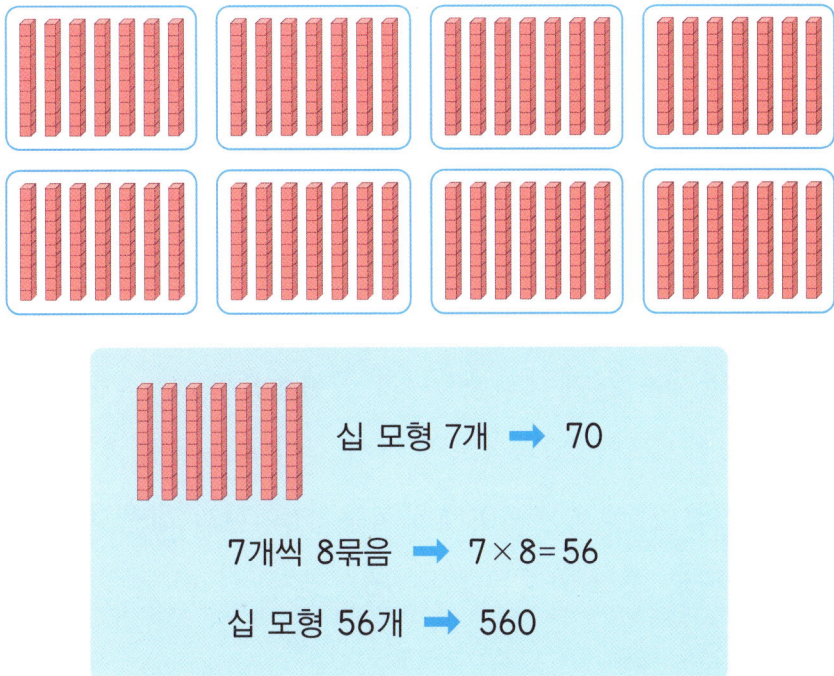

십 모형이 7개 있으면 70이야. 70×8은 십 모형이 7개씩 8묶음이지. 7×8=56이니까 십 모형 56개가 된단다. 십 모형 56개는 560이지.

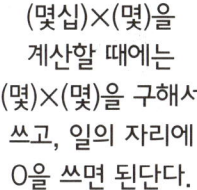

그러니까 70×8은 7×8을 계산해서 56을 쓰고, 뒤에 0을 붙이면 돼.

(몇십)×(몇)을 계산할 때에는 (몇)×(몇)을 구해서 쓰고, 일의 자리에 0을 쓰면 된단다.

(몇십몇)×(몇), (몇)×(몇십몇)의 계산

24개씩 들어 있는 초코 과자가 4상자면 24+24+24+24를 하면 알 수 있지. 그런데 그건 너무 복잡하니까 간단하게 24×4를 하면 돼.

이모가 아직 돌아오시지 않았는데 또 다른 손님이 들어왔어. 그 손님은 한 상자에 24개씩 들어 있는 초코 과자 4상자와 한 줄에 6개씩 들어 있는 요구르트 16줄을 들고 왔어.

"체육 대회가 있어서 간식이 많이 필요하네요. 제가 고른 초코 과자와 요구르트가 각각 몇 개씩이죠?"

초코 과자는 24개씩 4상자니까 곱셈식으로 24×4를 하면 알 수 있어. 24를 20과 4로 갈라서 각각 4를 곱한 후 두 수를 더했어. 20씩 4는 80, 4씩 4는 16이니까 둘을 더하면 80+16=96. 초코 과자는 모두 96개였지.

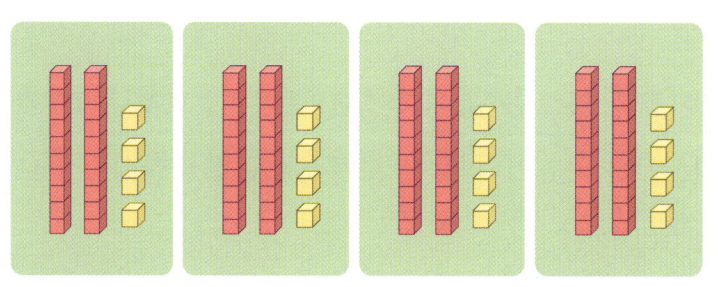

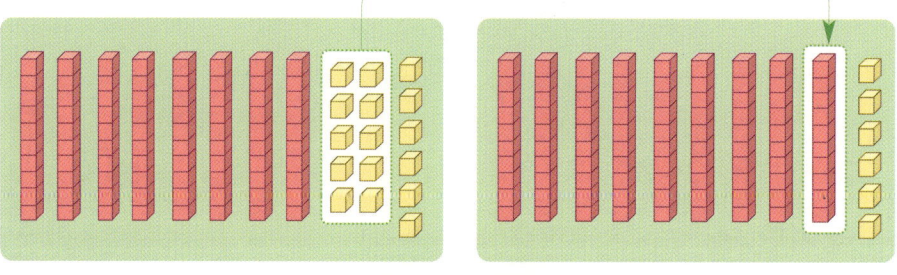

46

요구르트는 6개씩 16줄이니까 곱셈식으로는 6×16이야. 뒤에 곱해지는 수 16을 10과 6으로 갈라서 계산했어. 6씩 10이면 60, 6씩 6이면 36이니까 둘을 더하면 60＋36=96. 요구르트도 96개였어.

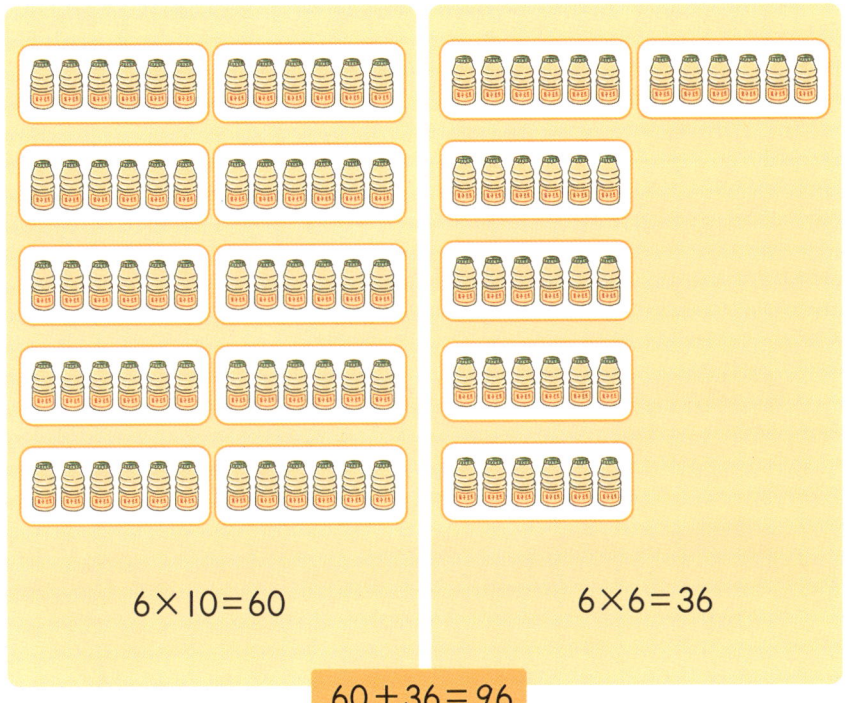

곱해지는 수가 몇십몇일 때, 곱해지는 수를 몇십과 몇으로 나누어 각각 곱하는 수를 곱한 후에 더하면 된단다.

"네. 초코 과자와 요구르트가 둘 다 각각 96개씩이에요."
"그렇군요. 어린 학생이 참 똑똑하네요. 계산해 주세요."
시간이 좀 오래 걸리긴 했지만, 그때 선생님은 초코 과자와 요구르트의 수를 무사히 세었고, 마침 돌아오신 이모가 어려운 계산을 해 주셨지.

47

(몇십몇) × (몇십몇)의 계산

이모는 손님께 친절하게 대하고, 계산도 잘했다며 칭찬을 해 주셨단다. 그때 다른 손님이 왔어.

"안녕하세요. 사야 할 것이 많아서 미리 주문하려고요."

"네. 뭐가 필요하세요?"

"사과가 한 상자에 몇 개씩 들어 있나요?"

"16개씩 들어 있습니다."

"그럼 사과 23상자 주문할게요."

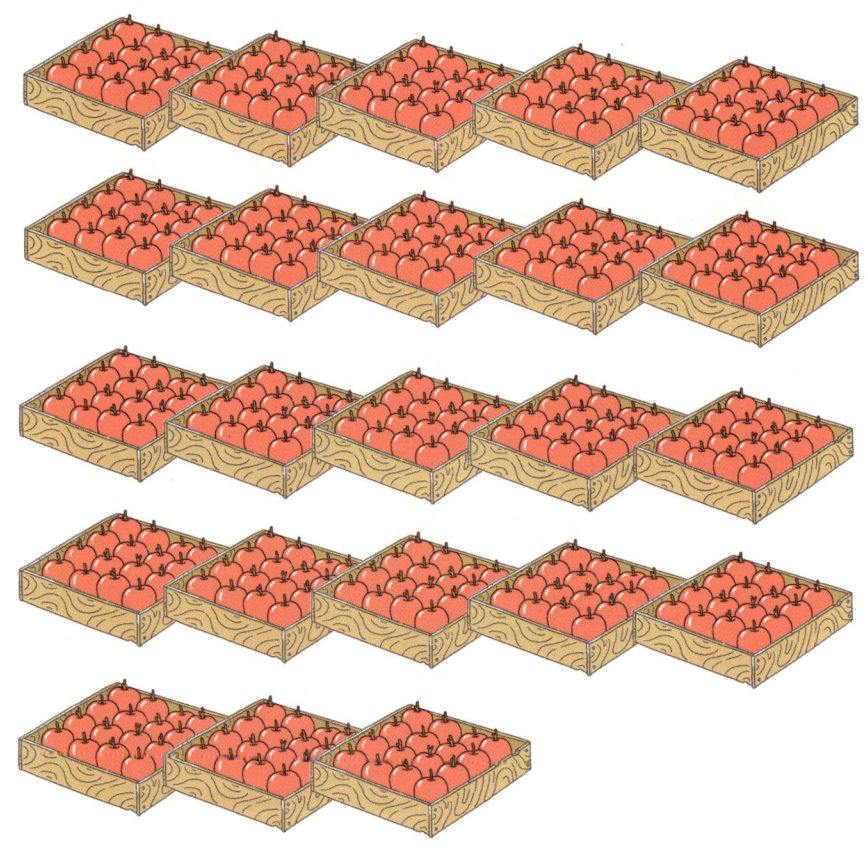

선생님은 사과가 16개씩 23상자면 모두 몇 개일까 궁금해졌어. 그때 이모가 친절하게 설명해 주셨지.

"16개씩 23개가 있는 거지? 그럼 곱해지는 수 23을 20과 3으로 갈라서 계산한 뒤 두 수를 합해 보렴. 먼저 16씩 20을 계산해 보자. 16×2=32이니까 16×20=320이야. 그리고 16씩 3을 계산해 보자. 16×3=48. 이 둘을 더하면 320+48=368이 되는 거야."

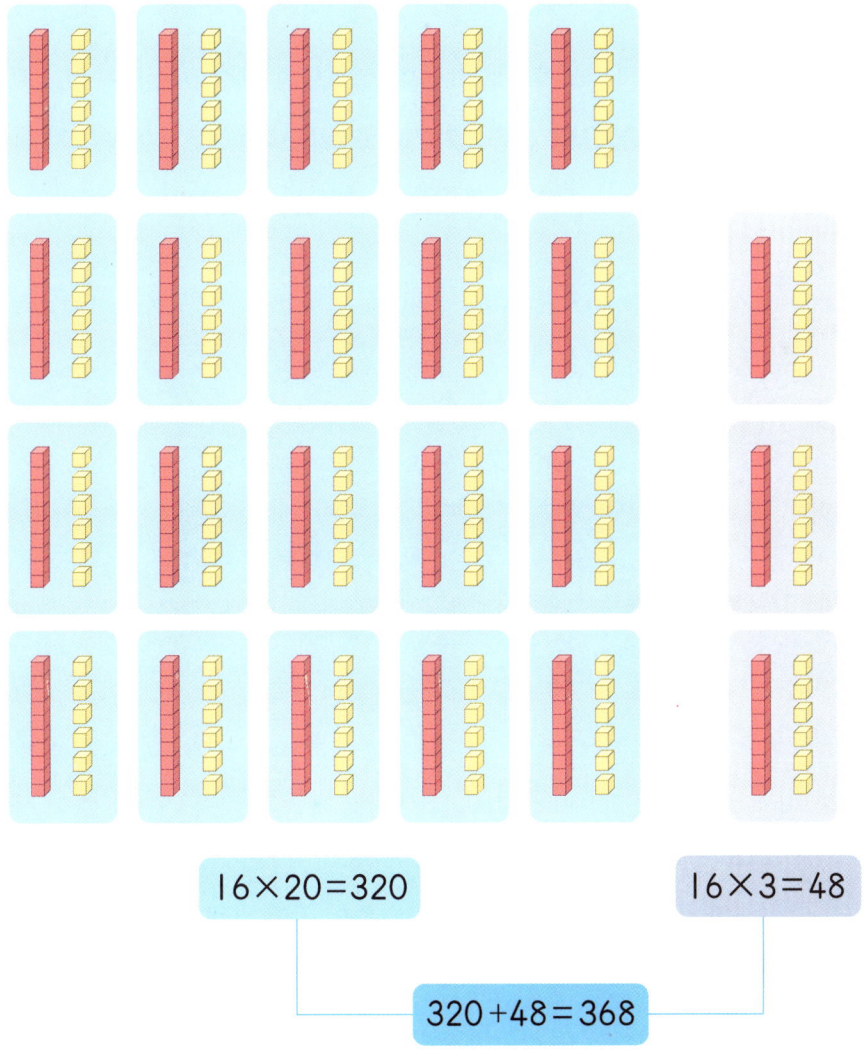

그러고 나서 이모는 곱셈을 세로셈으로 하는 방법도 가르쳐 주셨지. 16×23을 16씩 20과 16씩 3으로 나누어 계산했던 것을 세로셈으로 쓰는 거야.

$$\begin{array}{r} 16 \\ \times\ 23 \\ \hline \end{array} \rightarrow \begin{array}{r} 16 \\ \times\ \ 3 \\ \hline 48 \end{array} \quad \begin{array}{r} 16 \\ \times\ 20 \\ \hline 320 \end{array}$$

이 두 개의 세로셈을 한꺼번에 쓰면 아래와 같이 되지. 세로셈을 할 때 320의 0은 생략해도 된단다. 16×20을 계산하는 대신에 16×2를 계산하고 뒤의 0은 생략하는 대신 한 칸 앞으로 밀어 쓰는 거야.

올림이 있을 때에는 올림한 수를 윗자리의 곱에 더하는 걸 잊지 마!

$$\begin{array}{r} 16 \\ \times\ 23 \\ \hline 48 \\ 32 \\ \hline 368 \end{array}$$
← (16×3)
← (16×20)

한 칸 앞으로 밀어 쓰는 이유는 뭘까? 자리를 맞춰 주어서 32가 아니라 320이라는 걸 잊지 않기 위해서야. 이제 두 곱의 결과를 더하면 368. 이렇게 곱셈의 세로셈을 할 수 있단다.

그럼 앞에 나왔던 곱셈들도 세로셈으로 계산해 볼까?

어때? 편리한 방법이지? 곱셈을 계산할 때 머리셈으로 할 수도 있고, 모눈종이나 수 모형을 이용할 수도 있어. 그리고 이렇게 세로셈으로도 할 수 있단다.

선생님은 그렇게 하루 동안 슈퍼마켓 주인이 되어 보는 특별한 경험을 하고 집으로 돌아왔어. 비록 장래 희망은 바뀌었지만, 덧셈과 뺄셈, 곱셈 실력은 부쩍 늘었지.

여러 가지 곱셈 방법을 모두 기억해 두면 어떤 곱셈 상황에서도 척척 계산할 수 있겠구나.

탄탄 실력 ❹

새롬이와 다람이는 동물원에서 일일 사육사 체험을 하기로 했어. 첫 번째 임무는 동물들에게 먹이 주기였단다. 새롬이는 원숭이와 고릴라에게 먹이를 주기로 했어. 새롬이는 먹이 몇 개를 가지고 가야 할지 함께 계산해 볼까?

1 원숭이는 한 마리당 바나나를 14개씩 줘야 해. 바나나가 몇 개 필요할까?

식   답

2 고릴라는 한 마리당 사과를 10개씩 줘야 해. 사과는 몇 개 필요할까?

식   답

다람이는 펭귄과 북극곰에게 먹이를 주기로 했지. 먹이 몇 마리를 가지고 가야 할지 함께 계산해 볼까?

1 펭귄은 한 마리당 물고기를 11마리씩 줘야 해. 물고기는 몇 마리 필요할까?

식   답

2 북극곰은 한 마리당 물고기를 21마리씩 줘야 해. 물고기는 몇 마리 필요할까?

식   답

핵심 콕콕

동물들의 수를 센 다음 한 마리당 필요한 먹이의 수와 곱해 보렴.

이야기 수학 ❷

겔로시아 곱셈법

 예전 사람들은 지금보다 훨씬 다양한 곱셈법을 사용했다는 것을 알고 있니? 그중에서도 인도 사람들이 사용했다고 알려져 있는 겔로시아 곱셈법에 대해 알아보자. '겔로시아'라는 말은 격자란 뜻이란다.

 그럼 16×23을 겔로시아 곱셈법으로 한번 해결해 보자꾸나. 겔로시아 곱셈법을 사용하기 위해서는 먼저 격자 칸을 그려야 해. 아래의 〈1〉과 같은 격자 칸을 그리고, 곱셈을 하려는 각 숫자들을 격자 칸 밖에 적어 보자. 곱해지는 수를 위쪽에, 곱하는 수를 오른쪽에 차례로 써. 그러고 나서 〈2〉와 같이 각 숫자들을 곱하여 해당 칸에 적어 넣는 거야. 예를 들어 6과 2가 만나는 칸에는 6과 2의 곱인 12를 적는데, 이때 십의 자리 수와 일의 자리 수를 각각 나누어 적는 거지.

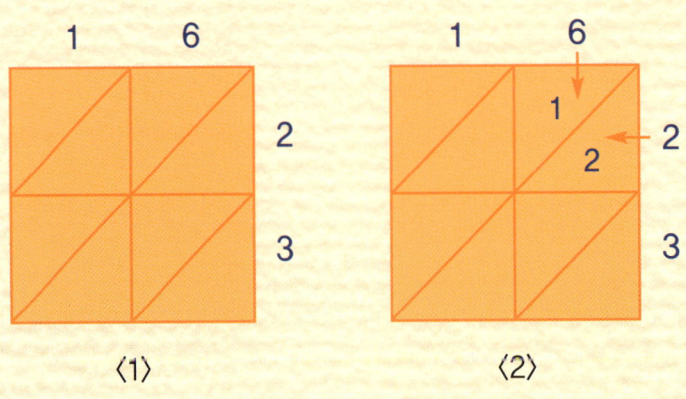

1×2=2와 같이 십의 자리가 없는 수는 십의 자리를 빈칸으로 남겨 두지 않고 0을 채워 넣는단다. 이렇게 각 칸을 모두 채워 넣으면 〈3〉과 같이 되지.

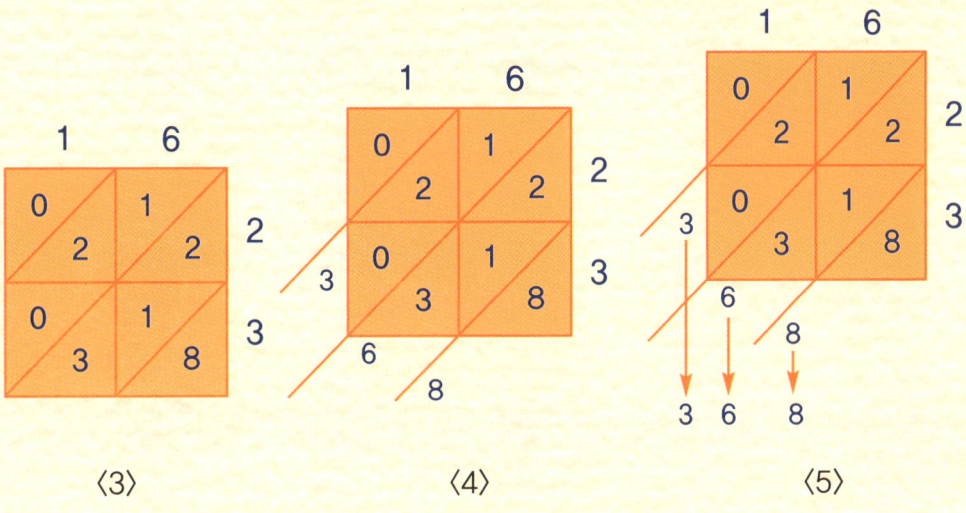

〈3〉　　　　　〈4〉　　　　　〈5〉

그리고 나서 〈4〉와 같이 대각선들을 연장해서 연장한 대각선 안에 있는 숫자들끼리 더해서 대각선 밖에 각각의 숫자를 쓰는 거야. 1+2=3, 2+1+3=6, 그리고 8은 그대로 써. 이때, 만약 수의 합이 10이 넘으면 한 자리 수씩 띄어서 써야 한단다. 이제 〈5〉처럼 숫자들을 차례대로 한 줄로 쓰면 정답이 나와. 즉, 16×23=368이 되는 거지. 좀 복잡해 보인다고? 몇 번 해 보면 어떻게 하는지 금방 알 수 있을 거야.

똑똑 수학 일기 ❷

날짜 20☆♡년 ♣월 △일 날씨 맑음
제목 고추 따기 시합

주말에 시골 할아버지 댁에 다녀왔다. 할아버지는 고추 농사를 지으시는데 요즘이 고추를 따는 시기라고 하셨다.

우리 가족은 할아버지를 도와 함께 고추를 땄다. 나는 형과 누가 더 고추를 많이 따나 내기도 했다. 나는 203개를 땄고, 형은 188개를 땄다. 형은 속이 상했는지 "너, 그럼 네가 몇 개 더 많이 땄는지는 아냐?"하며 나를 약올렸다. 나는 203개를 200개와 3개로 나눈 후 200-188=12라는 걸 머리셈으로 계산했다. 그러고서 12에 3을 더했더니 15. "15개!"하고 대답했더니 "오, 제법인걸?"하며 형이 놀랐다. 나는 어깨가 으쓱해졌다. 형과 내가 딴 고추를 모두 합해 보니 203+188=391개였다. 고추를 형보다 많이 딴 것도 좋았고, 무엇보다 할아버지를 도와 드려서 뿌듯했다.

나누어 먹을 수 있는 쿠키의 수

다람아, 너랑 먹으려고 쿠키를 가져왔어. 직접 구운 거야.

우아! 맛있겠다. 6개씩 똑같이 나누어 먹자.

얘들아, 안녕? 어? 쿠키네!

새롬이가 직접 구운 쿠키래. 같이 먹자. 12개를 셋이서 나누어 먹어야 하니까 4개씩 먹으면 되겠네.

우아! 맛있겠다!

12개를 넷이서 나누어 먹어야 하니까 3개씩 먹을 수 있어.

또 왔어?

12개를 여섯이 나눠 먹어야 하니까 2개씩 먹자.

얘들아, 안녕?

선…선생님, 안녕하세요?

짜잔! 선생님이 쿠키 9개를 가져왔지~

와!

그럼 내가 가져온 쿠키 12개랑 선생님이 가져오신 쿠키 9개를 합치면 21개네.

21개를 7명이 나누어 먹으면 되겠다.

 친구들이 한 명씩 한 명씩 더 올수록 새롬이의 표정이 점점 어두워지는구나. 직접 구워 온 쿠키를 다람이랑 둘이서만 알콩달콩 나누어 먹으려고 했는데, 친구들은 많아지고 먹을 수 있는 쿠키의 수는 점점 줄어드니까 말이야.

이번에는 선생님과 함께 나눗셈으로 해결할 수 있는 상황에 대해 알아보도록 하자. 새롬이가 가져온 쿠키를 친구들과 똑같이 나누는 상황처럼, 똑같이 나누어야 하는 상황에서 나눗셈을 사용하면 해결할 수 있어. 또 '쿠키 12개를 4개씩 덜어 내면 몇 번 덜어 낼 수 있을까?'와 같은 상황처럼, 똑같이 덜어 내는 상황도 나눗셈으로 해결할 수 있지.

이렇게 나누어야 하는 상황에서는 나눗셈 계산으로 쉽게 해결할 수 있단다. 앞서 배웠던 덧셈, 뺄셈, 곱셈과 함께 아주 중요한 계산이지. 어때? 함께 공부할 준비가 되었니?

 개념 이어 보기

앞에서 배운 개념	이번에 배울 개념	뒤에서 배울 개념
• 곱셈	• 똑같이 나누기 • 나눗셈의 몫과 나머지	• 나눗셈

쏙쏙 개념 ❺

똑같이 나누기

3학년 1학기
나눗셈

똑같이 묶어 덜어 내기

너희는 어떤 과목을 좋아하니? 선생님 반 친구들은 수학을 좋아하지만, 체육도 정말 좋아해. 오늘 2교시가 체육 시간이어서 우리는 운동장으로 나갔단다. 오늘 체육 시간에는 팀을 나누어 이어달리기를 하기로 했지.

선생님 반 친구들은 모두 30명이야. 먼저 5명씩 모둠을 만들기로 했어. 모두 몇 개의 모둠이 생겼을까?

5명씩 묶어서 빼면 모두 몇 번 묶을 수 있을까 생각해 보렴.

30명 중 5명을 빼서 1모둠을 만드니까 25명이 남았어. 또 5명을 빼서 2모둠을 만드니까 20명이 남았지. 또 5명을 빼서 3모둠을 만드니까 15명이 남았고, 또 5명을 빼서 4모둠을 만드니까 10명이 남았지. 다시 5명을 빼서 5모둠을 만들어 5명이 남았어. 남은 5명이 모둠을 만들어 모두 6모둠이 되었어. 30에서 5씩 모두 몇 번 뺐을까? 그래. 30에서 5씩 6번을 뺐더니 0이 되었지.

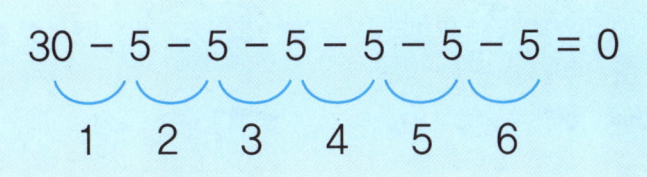

여러 번 빼는 뺄셈식을 나눗셈식으로 바꿀 수가 있구나.

반 친구들 30명을 5명씩 묶어서 모둠을 나누었더니 6모둠이 된 거야.

이것을 식으로 30÷5=6으로 나타낼 수 있어. 그리고 30 나누기 5는 6과 같습니다 라고 읽는단다. 30÷5=6과 같은 식을 나눗셈식이라고 해. 이때 6은 30을 5로 나눈 몫이라고 한단다.

만약 친구들 30명을 6명씩 묶어서 모둠을 나눈다면 5모둠이 될 거야.

$$30 - 6 - 6 - 6 - 6 - 6 = 0$$

이것을 나눗셈식으로 나타내어 볼래?

나눗셈식에서 몫은 0이 될 때까지 뺀 횟수를 말하는 거야.

그런데 6모둠은 너무 많아서 다시 10명씩 모둠을 만들기로 했어. 30명 중 10명을 빼서 1모둠을 만들고 나니 20명이 남았어. 또 10명을 빼서 2모둠을 만드니까 10명이 남았지. 남은 10명으로 모둠을 만들어 모두 3모둠이 되었단다.

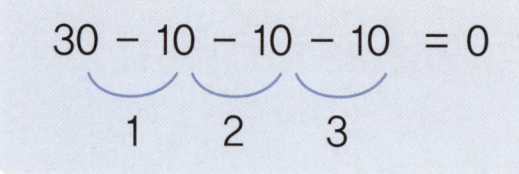

30에서 10씩 3번 묶어 덜어 내니까 0이 되었어.

반 친구들 30명을 10명씩 묶어서 모둠을 나누었더니 3모둠이 생겼지. 이것을 식으로 30÷10=3으로 나타내고, 30 나누기 10은 3과 같습니다라고 읽는단다. 이때 3은 30을 10으로 나눈 몫이지.

똑같이 나누기

모둠을 정한 선생님과 친구들은 먼저 준비 운동을 하기로 했단다. 간단한 체조를 한 다음 선생님이 이어달리기에 관한 설명을 하기로 했어. 반 친구들 30명을 2줄로 서게 했어. 똑같게 2줄로 서려면 각 줄에 몇 명씩 서야 할까? 아래의 그림에서 세어 보렴. 집에 있는 바둑돌 30개를 가지고 직접 줄을 세워 봐도 좋아.

30명을 2줄로 세우려면 한 줄에 15명씩 세워야 해. 이것을 나눗셈식으로 표현해 볼까?

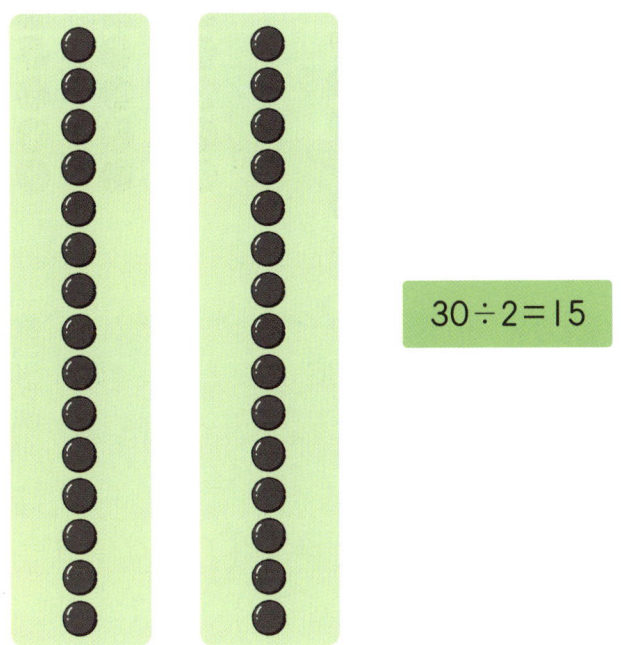

30÷2=15라고 쓰고, 30 나누기 2는 15와 같습니다라고 읽어. 이때 15는 30을 2로 나눈 몫이지.

30에서 5씩 6번 뺐을 때에도 나눗셈식 30÷5=6을 이용했는데 30을 5로 나눌 때에도 똑같은 나눗셈식으로 해결할 수 있어.

이렇게 줄을 세운 뒤, 앞에서 선생님이 설명을 하는데 줄이 너무 길어서 뒤에 서 있는 친구들이 잘 안 들린다는 거야. 그래서 30명을 똑같이 3줄로 서게 했어. 이번에는 한 줄에 몇 명씩 섰을까? 30을 3으로 똑같이 나누면 10이야. 그래. 한 줄에 10명씩 섰단다. 그렇게 3줄로 섰는데도 여전히 뒤에 선 친구들이 잘 안 들린다고 해서 이번에는 5줄로 서라고 했단다. 그랬더니 한 줄에 6명씩 서게 되었지.

나눗셈식 : 30÷3=10
읽기 : 30 나누기 3은 10과 같습니다.

나눗셈식 : 30÷5=6
읽기 : 30 나누기 5는 6과 같습니다.

30에서 5씩 덜어 내는 상황이나 30을 5로 똑같이 나누는 상황에서 똑같은 나눗셈식을 이용하여 몫을 구하면 돼.

그제야 뒤에 선 친구들까지 이야기가 잘 들린다고 하더구나. 반 친구들은 그렇게 서서 이어달리기에 대한 설명을 들었단다.

곱셈과 나눗셈의 관계

선생님은 친구들에게 창고에 가서 이어달리기를 할 때 입을 색깔 조끼를 가져오라고 했어. 그러자 친구들이 물었어.

"선생님, 어떤 조끼를 몇 벌 가져와야 하나요?"

그때 새롬이가 말했어.

"1모둠이 10명, 2모둠이 10명, 3모둠이 10명이야. 10+10+10=30이고, 곱셈으로 하면 10×3=30이니까 10벌씩 3가지 색깔로 가지고 오면 되지. 모두 30벌이고."

새롬이가 수학 공부를 열심히 하더니 많이 늘었구나. 새롬이의 말이 맞아.

곱셈과 나눗셈의 관계는 부분과 전체에 대해 잘 생각해 보면 알 수 있단다. 곱셈에서는 부분들이 곱해져서 전체가 되고, 나눗셈에서는 전체를 부분으로 나누어 또 다른 부분이 되지.

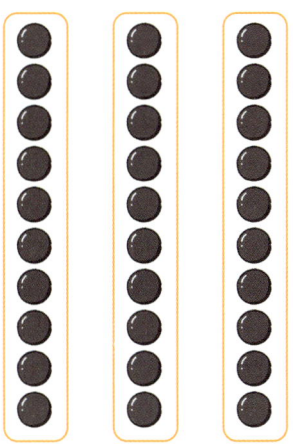

이 그림을 보렴. 아까 30명을 10명씩 나누어서 3모둠을 만들었지? 나눗셈식으로 30÷10=3이었어. 10명씩 3모둠의 아이들이 조끼를 입으려면 10×3=30이니까 조끼 30벌을 가지고 와야 해. 이렇게 나눗셈식을 보고, 곱셈식으로 나타낼 수도 있단다.

부분들이 더해져서 전체가 되고, 전체에서 빼면 부분이 되는 덧셈과 뺄셈의 관계와도 비슷한 것 같아요.

곱셈식을 보고, 2가지 나눗셈식으로 나타낼 수 있어.

좀 더 자세히 알아볼까? 공이 4개씩 3바구니에 있어. 공이 모두 몇 개가 있는지 곱셈으로 알 수 있지. 4×3=12이니까 공이 모두 12개야. 이 곱셈식을 보고, 2가지의 나눗셈식으로 나타낼 수 있단다.

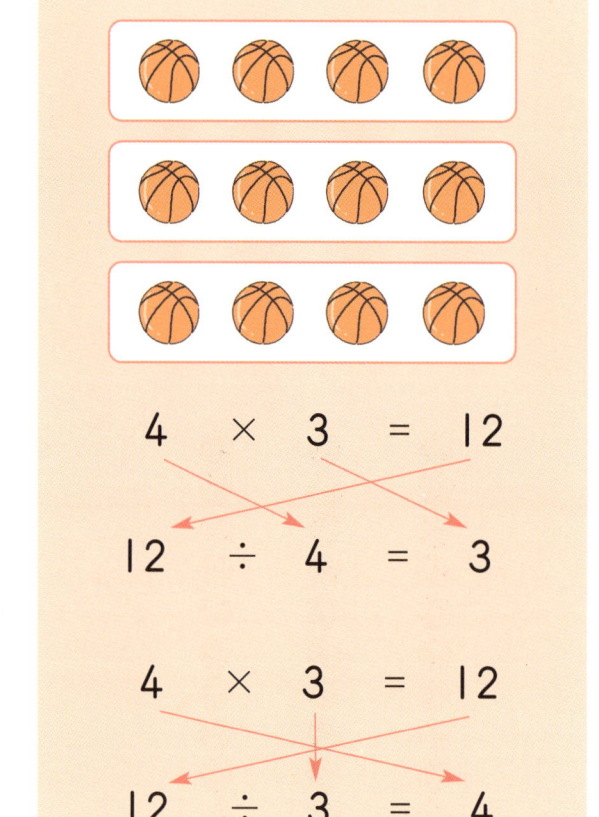

또 나눗셈식을 보고, 2가지 곱셈식으로 나타낼 수 있어.

공 12개를 4개씩 묶어 덜어 내면 3번 덜어 낼 수 있어. 나눗셈식으로 나타내면 12÷4=3이지. 또 공 12개를 똑같이 3곳으로 나누어 넣으면 한 곳에 4개씩 넣을 수 있어. 이것을 나눗셈식으로 나타내면 12÷3=4란다.

세로셈으로 나눗셈하기

12÷4를 세로셈으로 계산하려면 ⟩‾ 을 먼저 그려야 해. 그리고 ⟩‾ 안쪽에는 나뉘는 수를 쓰고, ⟩‾ 왼쪽에는 나누는 수를 써 넣어 보렴. 4⟩12 이렇게 되겠지? 12에서 4씩 몇 번 덜어 내면 0이 될지 생각해 봐. 4를 곱했을 때 12가 되는 수를 생각해도 된단다. 4×3=12야. 12 안에 4가 3번 들어가지? 그럼 12 위에 3을 적어 보자. 이때 몫은 나누어지는 수의 일의 자리에 맞추어 적자. 어때, 어렵지 않지?

세로셈으로 나눗셈을 할 때 몫의 위치를 틀리지 않게 주의하렴.

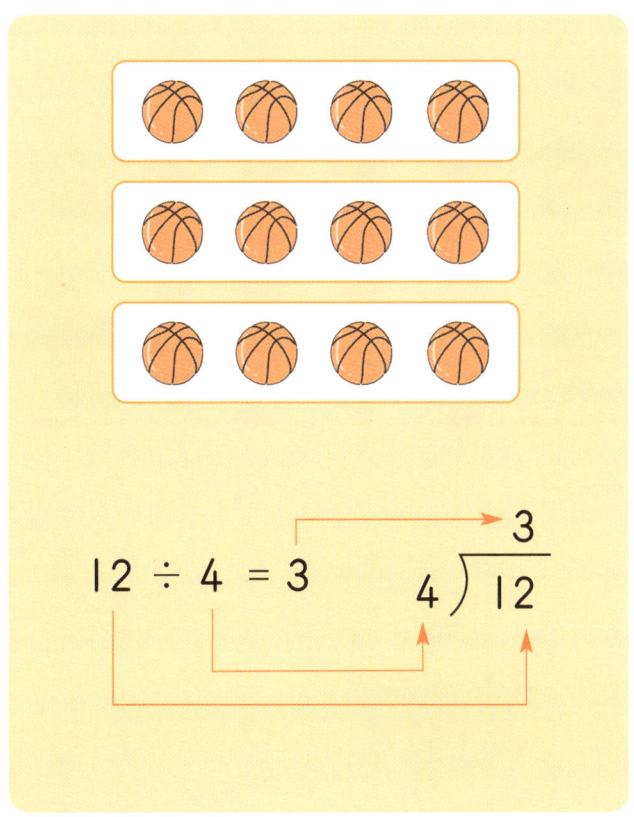

탄탄 실력 ⑤

새롬이와 다람이는 방과 후에 교실에서 청소를 하고, 선생님은 칠판에 아침 자습 문제를 내고 있었어. 그런데 갑자기 선생님이 회의가 생겨 가야 했어. "너희가 나눗셈 문제 좀 만들어 주겠니? 선생님이 앞부분은 조금 만들어 놨어. 뒷부분은 너희가 완성해 보렴."

1 새롬이와 다람이를 도와서 나눗셈 문제를 완성해 볼까?

> 친구들이 창고에서 공을 정리하고 있습니다.
> 공은 모두 35개입니다.
> _____
> _____
> _____

2 위의 나눗셈 문제를 식으로 쓰고, 계산해 보렴.

식   답

5 나누기 마술 상자가 있단다. 어떤 숫자 카드든지 상자에 넣으면 5로 나눈 몫의 카드가 나오지. 숫자 카드 20을 상자에 넣어 볼까? 어떤 숫자가 나왔니? 20÷5=4니까 숫자 카드 4가 나왔구나.

1 아래 숫자 카드를 상자에 넣으면 어떤 숫자 카드가 나올지 말해 보고, 그렇게 생각한 이유도 말해 보렴.

30

2 아래 여러 장의 숫자 카드가 있단다. 5 나누기 상자에 넣은 숫자 카드와 그 결과 나온 숫자 카드를 바르게 짝지어 보렴.

15   •   • 8

              • 10

40   •
              • 3

핵심 콕콕

- 숫자 카드 30을 넣으면 30÷5를 한 몫이 아래로 나오게 될 거야.
- 15÷5, 40÷5 나눗셈식의 몫을 찾아보렴.

(몇십몇)÷(몇)의 계산

즐거운 체육 시간을 마치고, 선생님과 친구들은 시장으로 나갔어. 우리 고장에 있는 시장에 대해 알아보고, 직접 체험해 보기로 했거든. 마트에만 가 봤던 친구들은 재래시장 입구에 들어서자 마트에서 보지 못했던 신기한 물건들이 많아서 깜짝 놀랐지.

그때 한 할머니께서 힘겹게 손수레를 끌며 시장 입구로 들어오셨어. 반 친구들은 얼른 달려가서 할머니를 도와 드렸단다.

"아이고, 어린 학생들이 고맙기도 하지. 원래는 우리 영감이랑 함께 일하는데, 오늘은 우리 영감이 바쁜 일이 생겨서 못 왔어. 혼자 어떻게 장사 준비를 하나 걱정했는데, 정말 고마워. 여기 이 가게까지만 옮겨 주면 돼."

친구들이 할머니의 가게까지 손수레를 밀어 드렸어.

"이제 됐어. 정리는 나 혼자 천천히 해도 돼."

할머니는 이렇게 말씀하셨지만 친구들은 할머니를 도와 드리기로 했단다.

"아니에요. 할머니, 저희가 정리하는 것까지 도와 드릴게요. 이 상자 안에 있는 고추는 어떻게 정리하면 되나요?"

"그 고추는 모두 42개인데 바구니 3개에 똑같이 나누어 담으면 돼."

고추 42개를 바구니 3개에 똑같이 나누어 담으려면 우리가 배운 나눗셈을 이용하면 되겠지? 어떤 나눗셈식으로 알 수 있는지 써 보렴.

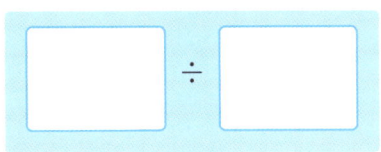

42에서 3씩 덜어 냈을 때 몇 번 덜어 냈는지를 계산하면 되겠네. 그런데 똑같이 묶어 덜어 내는 방법은 나누어지는 수가 커지면 불편하겠어.

71

그래. 42÷3의 몫을 구해 보면 알 수 있어. 먼저 수 모형으로 알아보자꾸나. 십 모형 4개 중 3개를 먼저 3으로 나누어 한 바구니에 하나씩 담아 보자. 그리고 나서 남은 십 모형 하나는 낱개 모형 10개로 만드는 거야. 그럼 낱개 모형이 모두 12개가 되었지? 12개를 3으로 나누면 낱개는 한 바구니에 4개씩 들어가. 즉, 42를 3으로 나누면 십 모형 1개와 낱개 모형 4개로 14가 되는 거지. 그러니까 42÷3=14란다.

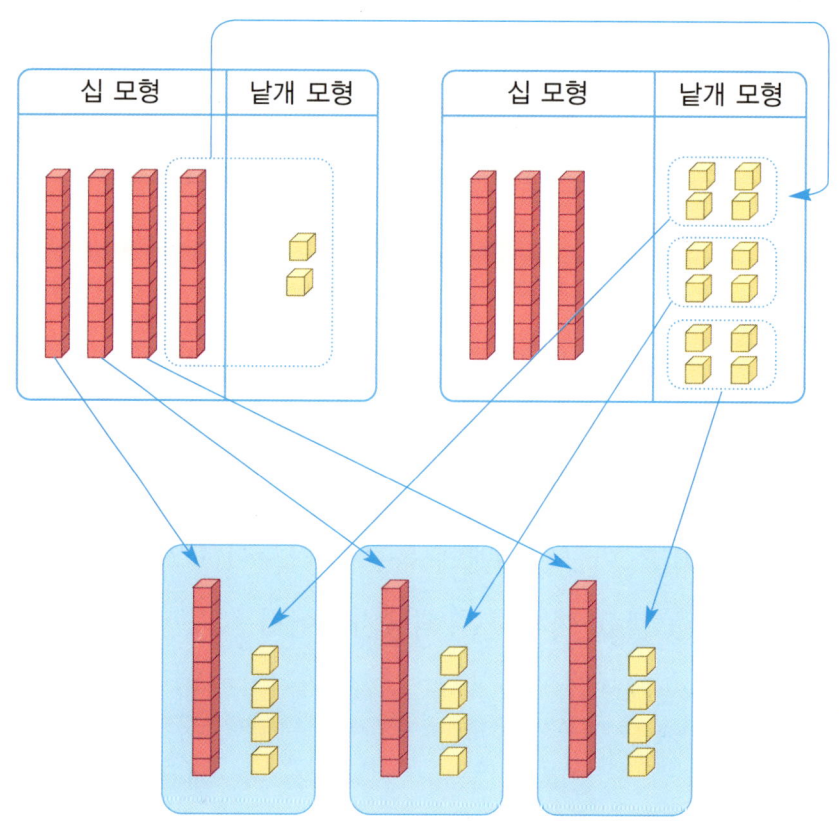

이번에는 세로셈으로 알아볼까? 먼저 3)42 을 써 넣어 세로셈을 풀 준비를 해 보자.

$$
\begin{array}{r} 1 \\ 3{\overline{\smash{)}42}} \\ \underline{3} \\ 1 \end{array}
\quad \rightarrow \quad
\begin{array}{r} 1 \\ 3{\overline{\smash{)}42}} \\ \underline{3} \\ 12 \end{array}
$$

$$
\rightarrow \quad
\begin{array}{r} 14 \\ 3{\overline{\smash{)}42}} \\ \underline{3} \\ 12 \end{array}
\quad \rightarrow \quad
\begin{array}{r} 14 \\ 3{\overline{\smash{)}42}} \\ \underline{3} \\ 12 \\ \underline{12} \\ 0 \end{array}
$$

어떤 연산이나 마찬가지지만 나눗셈의 세로셈은 특히 자릿수를 맞추어 쓰는 게 중요하단다.

십의 자리부터 계산해 볼까? 십 모형 4개를 3으로 똑같이 나누면 몇 개씩 담을 수 있었지? 그래. 1개씩이야. 4 안에 3은 1번 들어가. 그러니까 4 위에는 1을 쓰고 4 아래에는 몫 1과 나누는 수 3을 곱한 값 3을 쓰는 거야. 4-3=1이니까 아직 담지 못한 1은 자릿수를 맞추어 내려 적어.

남은 십 모형 하나를 어떻게 했었지? 낱개 모형 10개로 만들었지. 원래 있던 낱개 모형 2개와 합쳐 12개를 3으로 나누어 주었어. 세로셈에서도 마찬가지야.

십의 자리 숫자를 나눈 몫은 십의 자리에, 일의 자리 숫자를 나눈 몫은 일의 자리에 쓰면 되는 거지.

일의 자리 2를 아래로 내려 써서 12를 만들자. 12를 3으로 나누면 몇이지? 12÷3=4이니까 몫의 일의 자리 부분에는 4를 써 넣어.

남은 게 없는지 확인해 볼까? 3바구니에 4개씩 넣었으니까 3×4=12야. 12를 적고 위에서 아래를 빼면 0. 더 이상 남는 게 없이 3바구니에 똑같이 나누어졌지. 이렇게 남은 것 없이 똑같이 나누었을 때 42는 3으로 **나누어떨어진다**라고 한단다.

고추 42개를 바구니 3개에 똑같이 나누어 담았단다. 한 바구니에 고추를 14개씩 나누어 담은 셈이지.

사과는 모두 48개인데 바구니 3개에 똑같이 나누어 담으려고 해. 나눗셈식을 이용해서 한 바구니에 몇 개씩 담으면 될지 알아보렴.

나머지가 없이 0이 되면 나누어떨어진 거야.

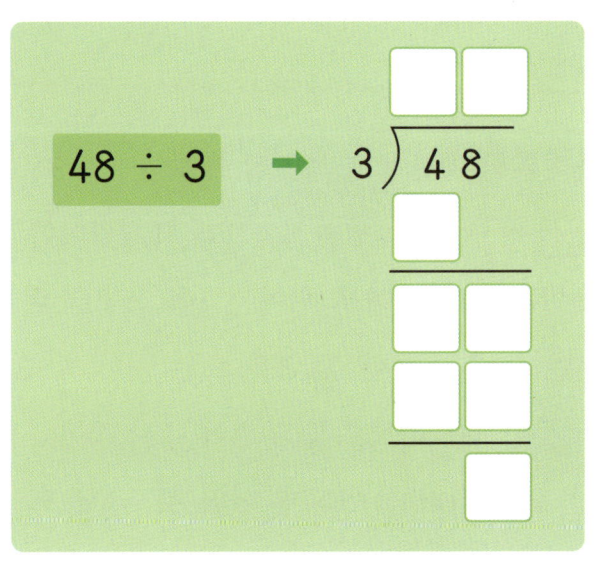

한 바구니에 사과를 ☐ 개씩 나누어 담을 수 있어.

나머지가 있는 나눗셈

감자는 모두 50개인데 바구니 4개에 나누어 담아야 한다고 하셨어.

$$4\overline{)50} \rightarrow 4\overline{)\begin{array}{r}1\\50\\4\\\hline 10\end{array}}$$

$$\rightarrow 4\overline{)\begin{array}{r}12\\50\\4\\\hline 10\end{array}} \rightarrow 4\overline{)\begin{array}{r}12\\50\\4\\\hline 10\\8\\\hline 2\end{array}}$$

12 ← 몫
2 ← 나머지

나머지는 항상 나누는 수보다 작구나.

십의 자리부터 나누어 보자. 십의 자리 숫자 5 안에는 4가 몇 번 들어갈까? 1번 들어가지. 몫의 십의 자리 부분에 1을 적고, 5 아래에는 4를 적어 빼 보자. 일의 자리를 내려 적으니까 10이 되었어. 10 안에는 4가 몇 번 들어갈까?

4×2=8이니까 2번 들어가지. 몫의 일의 자리에 2를 쓰고, 10 아래에는 4×2=8에서 나온 8을 적은 후 빼면 2가 남아. 2는 나누는 수 4보다 작기 때문에 더 이상 나누어지지 않지. 이때 남은 2를 50÷4의 나머지라고 한단다.

나누는 수보다 나머지가 크면 몫이 더 커져야겠지.

검사해 보는 계산, 검산식

몫은 어떤 값으로 나누었을 때 나오는 수이고, 나머지는 나누고 난 다음에 남는 수란다.

고추의 개수를 나눌 때에는 42÷3=14로 나누어떨어졌어. 하지만 감자의 개수를 나눌 때에는 50÷4=12이고 나머지 2로 나누어떨어지지 않았지. 나눗셈식에서 나머지는 '…'로 나타내. 50÷4=12…2가 되는 거지.

나누기를 한 후에는 곱셈과 나눗셈의 관계를 이용해서 검산을 해 볼 수 있어. 검산이 뭐냐고? 계산을 바르게 했는지 검사를 해 보는 계산이야.

감자 50개를 바구니 4개에 나누어 담았더니 12개씩 담고 2개가 남았어. 바꿔 말해, 감자를 한 바구니에 12개씩 4바구니에 담고 2개를 더하면 감자 50개가 되는 거란다.

12 + 12 + 12 + 12 + 2 = 50

이렇게 곱셈과 나눗셈의 관계를 통해서 검산을 해 볼 수 있는 거란다. 나눗셈을 풀고 나서는 맞게 풀었는지 검산을 꼭 해 보는 게 좋아.

친구들은 할머니를 도와 채소를 정리하는 것까지 마쳤어. 할머니께서는 도와줘서 고맙다고 하시며 귤 한 상자를 나누어 먹으라고 주셨단다.

"똑똑한 학생들인 것 같은데 귤도 한번 나누어 먹어 볼래? 이 상자에 귤이 62개가 들어 있거든. 선생님과 학생들이 똑같이 몇 개씩 먹을 수 있을까?"

'선생님이 62÷31은 너무 어려울 텐데….'라고 생각하고 있는데 이미 친구들은 양손에 귤을 하나씩 들고 먹고 있더구나. 그래. 우리 62÷31은 다음에 계산해 보고, 일단 귤이나 맛있게 먹자꾸나.

검산한 결과가 맞으면 나눗셈식의 몫과 나머지를 바르게 구한 거야.

탄탄 실력 ❻

빵을 한 봉지에 여러 개씩 넣어서 포장하고 있어. 빵을 표시된 개수만큼 묶고 알맞은 나눗셈식으로 만들어 보렴. 검산을 해 보는 것도 잊지 마.

1 빵을 5개씩 묶어 보렴.

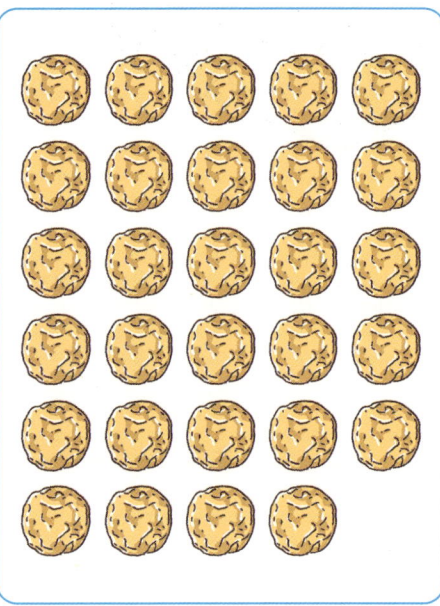

2 빵을 7개씩 묶어 보렴.

식

검산

식

검산

이 상자는 다람이의 보물 상자란다. 새롬이는 다람이의 보물 상자 안에 선물과 편지를 몰래 넣고 싶었지. 그런데 보물 상자는 자물쇠로 잠겨 있었어. 다행히 새롬이는 보물 상자 옆에서 자물쇠의 비밀번호를 알 수 있는 힌트가 적힌 종이를 찾았단다. 자물쇠의 비밀번호는 뭘까?

1 빈칸에 알맞은 숫자를 적고, 빈칸에 들어가는 숫자를 차례차례 적어 보렴.

비밀번호 □ □ □ □

핵심 콕콕

위에서부터 차례로 나눗셈을 풀어 나간다고 생각하면 쉽게 알 수 있을 거야.

이야기 수학 ❸

이집트의 나눗셈

나눗셈을 배운 친구들, 나눗셈이 어땠니? 쉬웠을 수도 있고, 많이 헷갈리고 어려웠을 수도 있어. 어려웠더라도 너무 실망하지 마.

'파치올리'라는 이탈리아의 수학자는 '나눗셈을 잘할 수 있다면 그 밖의 모든 것은 쉽다. 나머지 모든 것이 그 안에 들어 있기 때문이다.'라고 이야기했단다. 그만큼 나눗셈은 사칙연산 중에서 가장 어렵고 복잡한 거야. 하지만 앞으로 열심히 하면 훨씬 더 쉽게 느껴질 거야.

그런데 수학이 아주 발달했던 고대 이집트 사람들은 우리와는 다른 독특한 방법으로 나눗셈을 했다고 해.

```
        48 ÷ 9
    ┌─────────────┐
    │ 1        9  │
    │ 2       18  │
    │ 4       36  │
    └─────────────┘
      45 ← 9 + 36
   몫 : 1 + 4 = 5
   나머지 : 3
```

만약에 48÷9를 계산한다면 나누는 수 9를 가지고 아래쪽으로 2씩 곱셈을 해 나갔어. 먼저 왼쪽에 1을 쓰고 오른쪽에는 나누는 수인 9를 썼지. 그리고 아래로 한 줄 내릴 때마다 위의 수에 2씩 곱했단다. 그러다가 오른쪽의 수들을 더해서 나누어지는 수인 48 또는 48을 넘지 않는 가장 가까운 수 2개를 찾았어. 두 수를 더해서 48이 나오면 나누어떨어지는 거야. 48을 넘지 않는 가장 가까운 수로 9+36=45를 찾을 수 있어. 그다음 9와 36의 짝인 수를 찾는 거야. 9는 1과 짝, 36은 4와 짝이야. 짝인 수끼리 더해서 나온 수는 몫이 되는 거란다. 1+4=5이니까 몫은 5가 되는 거지. 두 수를 더해서 48이 나오지 않았으니까 나누어떨어지지 않은 거야. 그러니까 나머지가 있겠지? 나머지는 48에서 두 수를 더해서 나온 수 45를 빼. 48−45=3이니까 나머지는 3이야. 즉, 48÷9=5⋯3이란다.

고대 이집트 사람들의 나눗셈 방법, 뭔가 복잡해 보이지만 정말 신기하지 않니?

날짜 20☆♡년 ♧월 △일 날씨 약간 흐림

제목 송편 빚기

내일은 즐거운 추석날 이다. 저녁에 친척들이 우리 집으로 와서 다 함께 송편을 빚었다. 송편 안  에 깨고물도 넣고 밤고물도 넣어 조물조물 만들었다. 이야기를 나누며 송편을 빚다 보니 금방 재료가 바닥났다. 함께 빚은 송편을 세어 보니 42개였다. 그다음 찜통에 송편을 찔 차례였다. 찜통 1개에 송편이 9개씩 들어간다고 했다. 42÷9=4…6 나눗셈을 해 보니 4번 찌고 나면 6개가 남아서 한 번 더 쪄야 한다는 걸 알 수 있었다. 갓 쪄서 김이 모락모락 나는 송편은 무척 맛있었다.

 새롬이가 나머지가 있는 나눗셈을 이용해서 송편을 몇 번 쪄야 하는지를 알아냈구나. 나눗셈을 하고 나서는 검산을 해서 맞게 계산했는지도 확인해 보렴.

다람이의 생일 선물

 새롬이는 다람이가 좋아하는 도형 모양으로 과자를 만들어 선물했구나! 도형을 좋아하는 다람이가 도형 모양 과자를 선물로 받고 좋아했을 거야. 도형의 이름까지 정확하게 알려 주면 다람이가 더 좋아했을 텐데…. 새롬이가 도형의 이름은 잘 생각나지 않았나 보구나.

2학년 때 삼각형과 사각형을 배우고, 여러 가지 도형을 그려 보았어. 그런데 삼각형과 사각형 중에서도 특별한 삼각형과 사각형은 이름이 따로 있단다.

이제부터 특별한 삼각형과 사각형에 대해서 알아보고, 도형을 움직이는 방법과 원에 대해서도 알아보려고 해.

개념 이어 보기

앞에서 배운 개념	이번에 배울 개념	뒤에서 배울 개념
• 평면도형	• 각과 평면도형 • 도형 움직이기 • 원	• 각도 • 다각형

쏙쏙 개념 ❼

각과 평면도형

3학년 1학기
각과 평면도형

선분, 직선, 반직선

> 선분은 두 점을 곧게 이은 선이야.
>
>
>
> 직선은 양쪽으로 끝없이 늘인 곧은 선을 말해.
>
>
>
> 반직선은 한 점에서 한쪽 방향으로 끝없이 늘인 곧은 선이란다.

새롬이가 미래의 집을 그렸대. 삼각형 지붕, 사각형 벽과 창문, 동그란 창문까지 정말 멋지구나!

새롬이는 선분으로 집을 그렸어. 한 점에서 다른 점을 곧게 연결한 선을 선분이라고 한단다. 양쪽으로 끝없이 늘인 곧은 선은 직선이라고 하지.

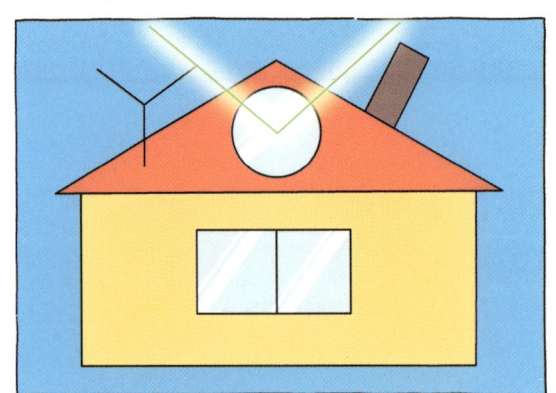

그런데 지붕의 동그란 창문에서 뻗어 나가는 선은 뭘까? 아하! 레이저 빛이구나. 새롬이가 상상하는 미래의 집에서는 밤마다 레이저 쇼가 펼쳐지는 모양이네.

레이저 빛처럼 한 점에서 한쪽 방향으로 끝없이 늘인 곧은 선은 반직선이라고 하지.

각

새롬이가 그린 미래의 집 그림을 보면 삼각형 지붕, 사각형 벽 등에서 각을 찾을 수 있단다. 각은 두 반직선이 한 점에서 만나 이루어진 도형이야.

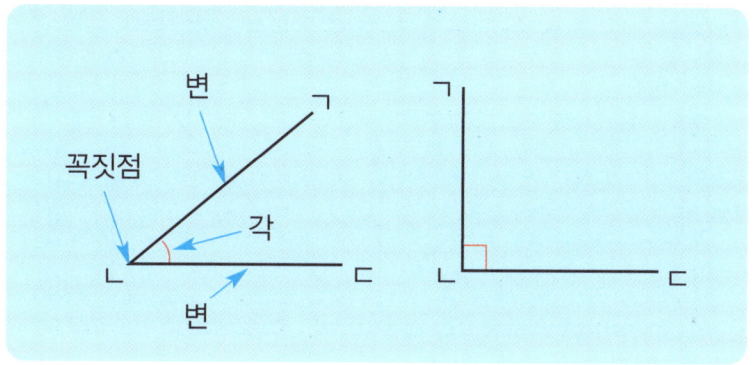

각의 이름을 부를 때 기호를 붙이는 순서가 있나요?

위의 각을 보렴. 각의 이름은 기호를 붙여 부른단다. 각 ㄱㄴㄷ, 또는 각 ㄷㄴㄱ이라고 불러.

두 개의 각이 벌어진 정도가 다르지? 오른쪽의 각은 우리 생활 속에서도 많이 볼 수 있는 각이란다. 학교, 집, 건물 등을 보면 벽의 모서리나 창문 모서리가 이렇게 생겼지? 또 칠판의 모서리, 태극기의 모서리, 텔레비전의 모서리를 잘 보렴. 모두 이런 모양으로 생겼을 거야. 이런 모양의 각을 직각이라고 해.

주변에서 직각인 각과 직각보다 작은 각, 직각보다 큰 각 등 다양한 각을 찾아보렴.

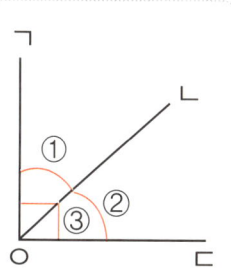

꼭짓점을 가운데에 넣어 각의 이름을 말해 주면 된단다.
① 각 ㄱㅇㄴ 또는 각 ㄴㅇㄱ
② 각 ㄴㅇㄷ 또는 각 ㄷㅇㄴ
③ 각 ㄱㅇㄷ 또는 각 ㄷㅇㄱ

한 각이 직각인 삼각형

삼각형의 직각을 눈으로 봐서 확실히 알 수 없을 때는 어떻게 해요?

다람이가 지오보드에 도형을 만들었어. 크기는 다르지만 종류가 같은 삼각형이야. 변, 꼭짓점, 각이 각각 3개씩인 도형을 삼각형이라고 한다는 건 이미 알고 있지?

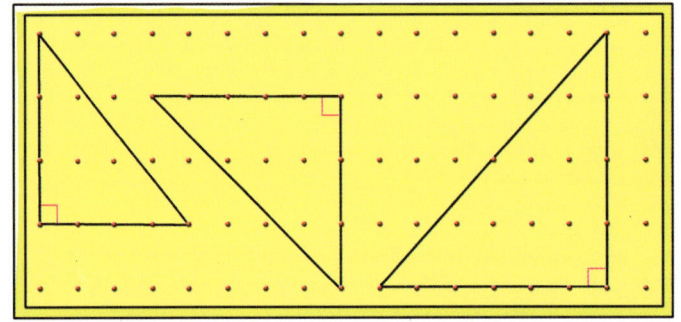

그런데 이 삼각형들은 모두 삼각형이라는 것 외에 공통점이 한 가지 더 있단다. 바로 삼각형의 세 각 중 한 각이 직각이라는 거야. 이렇게 한 각이 직각인 삼각형을 **직각삼각형**이라고 한단다.

그럴 때는 삼각자의 직각 부분을 대어 완전히 포개어지는지 확인하면 직각인지 알 수 있단다. 삼각자가 없을 경우 색종이나 공책의 직각 부분을 대어 봐도 알 수 있지.

샌드위치를 만들려고 사각형 모양 식빵을 반으로 잘랐어. 그랬더니 직각삼각형 2개가 생겼구나. 그렇다면 식빵 가운데 넣을 치즈도 직각삼각형이 되도록 잘라야겠네.

네 각이 직각인 사각형

새롬이는 지오보드에 사각형 여러 개를 만들었어. 변, 꼭짓점, 각이 모두 4개씩인 도형이 사각형이라는 것도 알고 있지? 새롬이가 만든 사각형들은 한 가지 특징을 더 가지고 있구나. 무엇인지 알겠니? 네 각이 모두 직각이야. 이렇게 네 각이 직각인 사각형은 직사각형이라고 한단다.

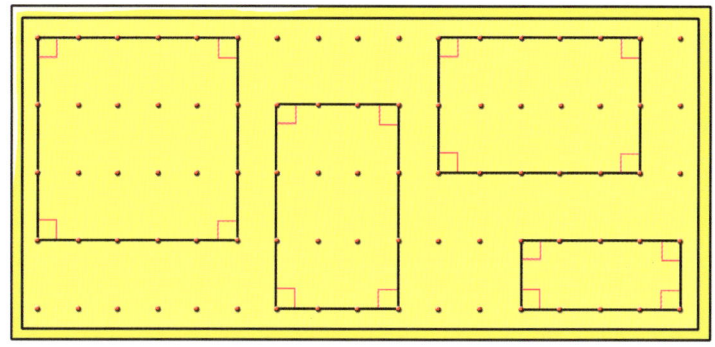

우리 주변에서 직사각형을 찾아볼까? 문, 창문, 교실 바닥, 욕실 타일, 보도블록, 벽, 컴퓨터 모니터, 책 등 직사각형은 우리 주변에서 많이 볼 수 있단다.

직사각형은 안정감이 있어서 생활에서 많이 사용한단다.

네 변의 길이가 같은 사각형

신 나는 종이접기 시간! 다양한 크기의 색종이가 준비되어 있단다.

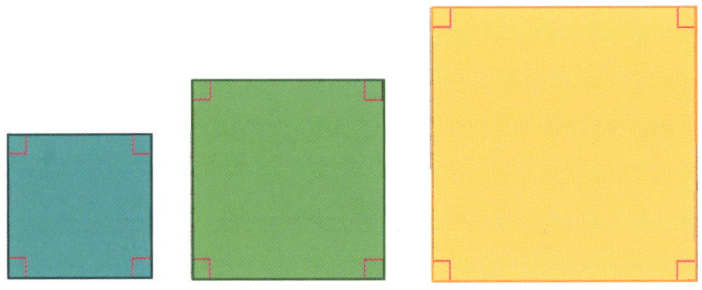

색종이의 각을 잘 보렴. 네 각이 모두 직각이지. 네 각이 직각인 사각형을 직사각형이라고 했지? 그런데 색종이는 네 변의 길이도 모두 같단다. 색종이처럼 네 각이 모두 직각이고, 네 변의 길이가 모두 같은 사각형은 정사각형이라고 해.

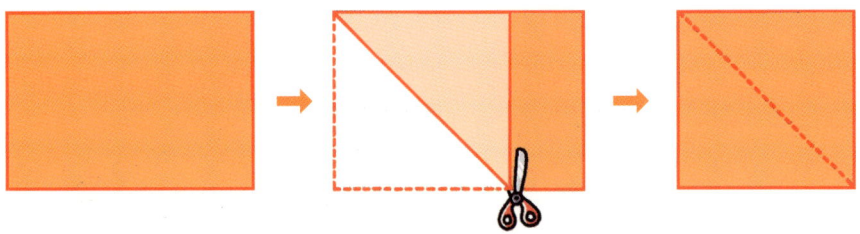

직사각형 종이를 이용해서 정사각형을 만들어 볼까? 직사각형 종이를 대각선으로 접고 남은 부분은 가위로 잘라 내면 정사각형을 만들 수 있지.

옛날 물건 속 도형

사회 시간에 옛날 사람들이 사용한 물건들에 대해 배웠지? 옛날 어머니들은 천 조각으로 예쁜 조각보를 만들어 사용했단다. 조각보에 어떤 도형들이 들어 있는지 살펴보렴.

바둑판이나 장기판에서도 정사각형과 직사각형을 찾을 수 있단다.

정사각형으로 만든 조각보도 있고, 직각삼각형으로 만든 조각보도 있구나. 색이 무척 아름답지?

옛날 아이들은 딱지를 만들어 가지고 놀았단다. 딱지를 접을 때에는 정사각형 모양 종이 2장을 삼등분해서 접어 딱지를 만들었지. 너희도 접는 순서를 보고, 한번 따라 접어 보렴. 완성된 딱지 모양도 정사각형이 된단다.

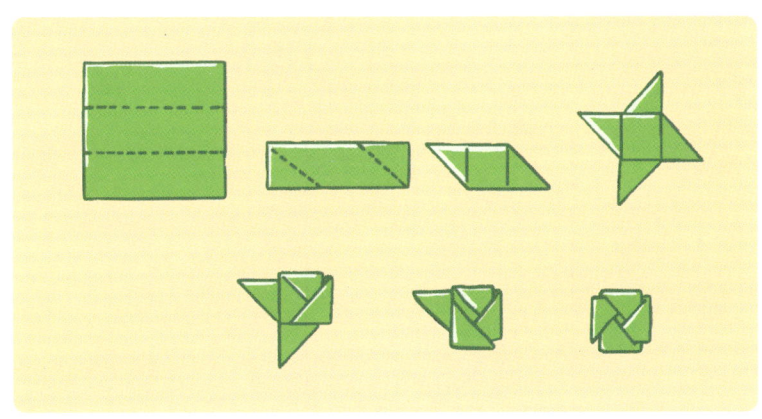

탄탄 실력 7

새롬이 엄마는 여러 가지 색깔의 천을 다양한 모양으로 자르고 이어 붙여 아름다운 무늬가 있는 가방, 이불, 지갑 등 생활에 필요한 물건을 만드신대. 이번에는 멋진 가방을 만드실 거라는데, 어떤 도형으로 무늬를 만드시는지 살펴볼까?

1 새롬이 엄마가 천을 이어 붙여 만든 무늬를 보렴. 무늬에서 직각삼각형과 정사각형이 각각 몇 개인지 세어 보렴.

직각삼각형:

정사각형:

2 위의 무늬를 만드는 데 사용된 도안 그림이란다. 직각인 부분을 찾아 표시해 보렴.

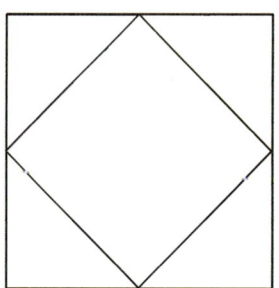

다람이 아빠는 전통 한옥에 관심이 많으셔. 다람이네 집 안의 문들도 문살에 창호지를 바르는 전통 문살을 사용하여 만드셨대.

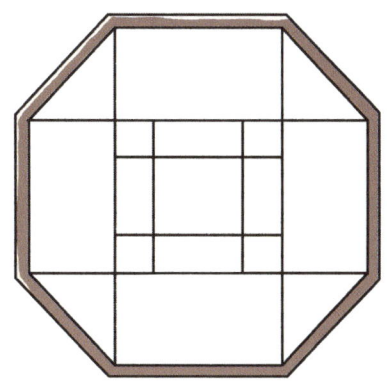

① 문살에서 직각삼각형을 모두 찾아 파란색을 칠해 보렴.

② 문살에서 직사각형을 모두 찾아 노란색을 칠해 보렴.

③ 초록색이 칠해진 도형과 노란색이 칠해진 도형의 이름을 쓰고, 공통점을 찾아보렴.

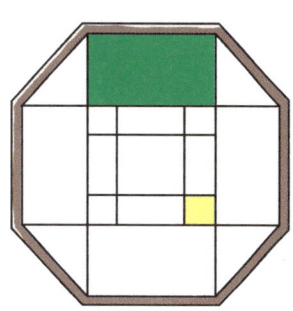

초록색이 칠해진 도형:

노란색이 칠해진 도형:

공통점:

핵심 콕콕

- 삼각형 중 직각이 있는 삼각형이 직각삼각형이야.
- 사각형 중 네 각이 모두 직각인 사각형은 직사각형이야.
- 직사각형 중 네 변의 길이가 모두 같은 사각형은 정사각형이야.

쏙쏙 개념 ⑧

도형 움직이기

3학년 1학기
각과 평면도형

밀어서 만드는 무늬

친구들과 생일 선물을 주거나 받아 본 적 있지? 선물을 준비할 때는 정성껏 예쁘게 포장을 하지. 새롬이가 다람이 생일 선물을 정성껏 포장한 것처럼…. 선물을 포장하는 데 사용하는 포장지들의 무늬를 잘 살펴보렴. 같은 무늬가 반복되는 경우가 많을 거야.

오른쪽 포장지에서 집 그림을 왼쪽, 오른쪽, 위쪽, 아래쪽으로 밀어도 집의 크기와 모양은 달라지지 않고 그대로야. 도형도 마찬가지란다. 도형을 어느 방향으로 밀어도 도형의 크기와 모양은 변하지 않아.

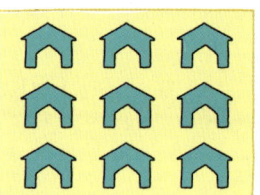

도형을 어느 방향으로 밀어도 미는 횟수에 상관없이 크기와 모양은 변하지 않는단다.

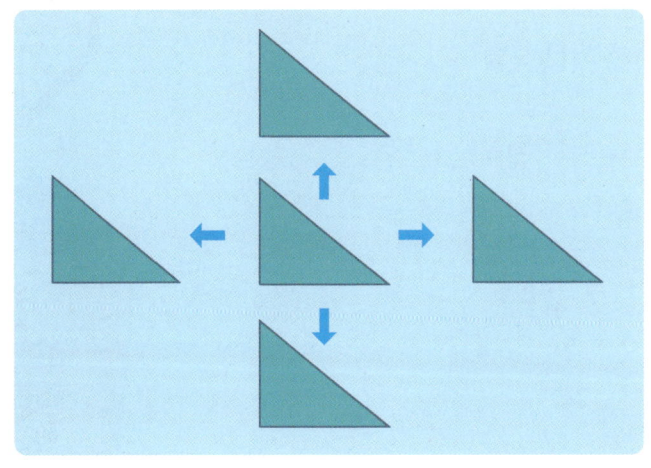

뒤집어서 만드는 무늬

이 포장지에는 귀여운 금붕어 그림이 있어. 그런데 왼쪽, 오른쪽, 위쪽, 아래쪽의 모양이 달라. 금붕어 무늬를 왼쪽, 오른쪽, 위쪽, 아래쪽으로 뒤집은 거야.

도형을 오른쪽이나 왼쪽으로 뒤집으면 도형의 왼쪽 부분은 오른쪽으로, 오른쪽 부분은 왼쪽으로 바뀌어.

가운데 금붕어를 왼쪽으로 뒤집은 모양과 오른쪽으로 뒤집은 모양이 같아. 그리고 위쪽으로 뒤집은 모양과 아래쪽으로 뒤집은 모양이 같단다.

당근이나 감자에 모양을 새겨 찍는 활동을 할 때 종이에 원하는 모양대로 찍히게 하려면 뒤집은 모양을 새겨야 한단다.

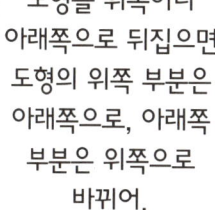

도형을 위쪽이나 아래쪽으로 뒤집으면 도형의 위쪽 부분은 아래쪽으로, 아래쪽 부분은 위쪽으로 바뀌어.

돌려서 만드는 무늬

이 포장지는 노란 은행잎이 빙글빙글 돌아간 느낌이 들지?

가운데 은행잎을 오른쪽으로 한 바퀴 돌리면서 만든 무늬란다. 시계의 3시, 6시, 9시, 12시 방향으로 돌린 거라고 생각하면 돼. 한 바퀴를 돌린 은행잎은 가운데 그림과 똑같아져.

여러 가지 방법으로 만드는 무늬

선생님이 그린 도깨비 캐릭터야. 재미있게 생겼지? 이 그림으로 포장지를 만들어 친구들에게 선물을 포장해 줄 생각이란다. 친구들이 좋아하겠지?

왼쪽 도깨비 그림을 어떻게 움직이면 오른쪽 도깨비 그림처럼 될까? 잘 생각해 보렴.

🌗 방향으로 돌려서 위나 아래로 뒤집어 보렴. 뒤집은 다음 🌗 방향으로 돌려도 같은 그림이 되지.

이번에는 선생님의 이름에 들어가는 '튼' 자로 문제를 낼 테니 잘 생각해 보렴. 왼쪽 '튼' 자를 어떻게 움직이면 오른쪽과 같은 모양이 될까?

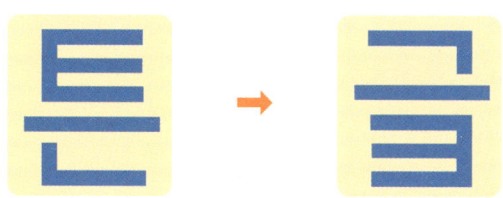

오른쪽으로 한 번 뒤집고 다시 위나 아래로 뒤집으면 돼. 또 🌗 방향으로 돌리기를 해도 되지. 다른 방법은 없는지 생각해 보렴.

여러 가지 방법으로 뒤집거나 돌려서 같은 무늬를 만들 수 있어.

쏙쏙 개념 ⑨

원

3학년 2학기
원

원 그리기

놀이공원에서 관람차를 타 본 적이 있니? 천천히 돌아가며 놀이공원 전체를 볼 수 있게 해 주지. 정월 대보름에 쥐불놀이하는 걸 본 적이 있니? 깡통에 불을 넣어 돌리는 놀이란다. 관람차, 쥐불놀이, 굴렁쇠, 훌라후프의 공통점을 찾아 보렴. 공통점은 모두 원이 그려진다는 거야.

우선 종이에 원하는 크기대로 원을 그려 보자. 컵이나 모양 자를 대고 원을 그려도 되지만, 원하는 크기대로 정확하게 원을 그리고 싶다면 이 방법을 써 보렴. 길게 자른 두꺼운 종이에 구멍을 뚫어. 이 구멍에 누름 못을 꽂아 종이에 고정시키고, 두꺼운 종이에 다른 구멍을 뚫어 연필을 꽂아 돌리면 원을 그릴 수 있어. 연필 꽂는 위치를 다르게 하면 원을 작게, 또는 크게도 그릴 수 있겠지?

두꺼운 종이의 안쪽 구멍에 연필을 꽂아 그리면 크기가 작은 원이 생기고, 바깥쪽 구멍에 연필을 꽂아 그리면 크기가 큰 원이 생겨.

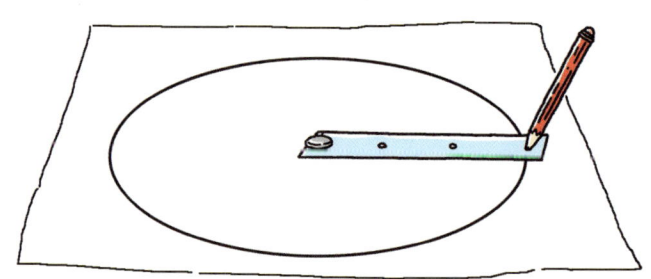

그려진 원을 잘 보렴. 누름 못을 꽂은 자리가 선명하지? 누름 못을 꽂은 자리는 원의 중심이고, 누름 못을 꽂은 자리에서 연필을 꽂은 자리까지 거리는 원의 반지름이란다.

오른쪽 그림에서 점 ㅇ은 원의 중심이고, 원의 중심 ㅇ에서 원 위의 점 ㄱ까지 거리가 원의 반지름이야.

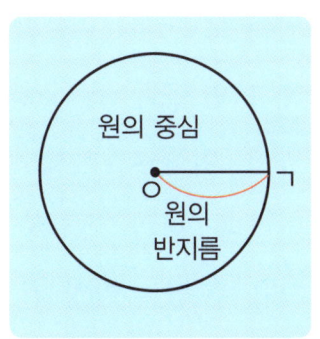

원의 반지름을 알면 더 정확하게 원을 그릴 수 있어. 누름 못과 종이를 이용하는 것보다 좀 더 쉽고 정확하게 원을 그릴 수 있는 기구가 있는데, 바로 컴퍼스라는 기구란다. 한쪽은 송곳처럼 뾰족하고 다른 쪽에는 연필을 꽂을 수 있게 되어 있어.

컴퍼스로 원을 그려 볼까? 먼저 원의 중심이 되는 점을 정해야 해. 그런 다음 컴퍼스를 원의 반지름이 되도록 벌려야 하는데, 정확한 반지름을 재려면 자를 사용해야 한단다. 마지막으로 컴퍼스의 침을 원의 중심에 꽂고 돌리면 원이 그려지지.

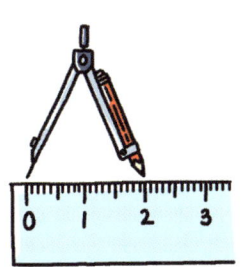
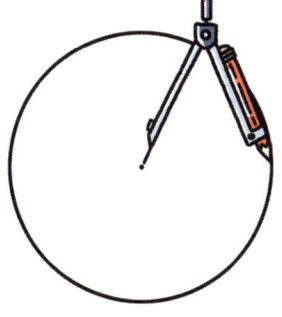

컴퍼스로 원을 그릴 때 모눈종이를 이용해서 반지름을 재도 된단다. 모눈종이 위에 컴퍼스를 벌려 반지름을 재면 쉽지.

원의 지름과 반지름

종이에 원을 그리고 원을 잘라내 봐. 잘라낸 원을 반으로 접어 보렴. 다시 펴서 다른 방향으로 반을 접어 봐. 여러 번 해 보면 모두 원의 중심을 지나는 선이 생기는 것을 볼 수 있어. 이 선이 바로 **원의 지름**이란다. 원의 지름은 원 안에서 그을 수 있는 가장 긴 선분이야.

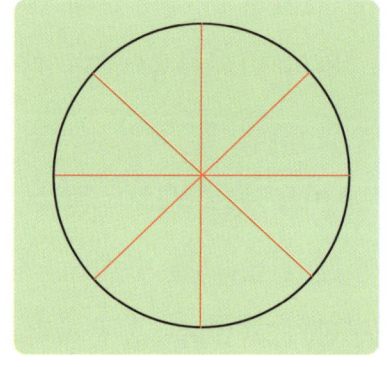

원의 중심을 지나는 지름은 몇 개나 그릴 수 있을까? 셀 수 없이 많이 그릴 수 있단다. 원의 지름을 여러 개 그려 보고, 길이를 재어 보렴. 한 원의 지름을 재어 보면 모두 같을 거야.

아래 그림에서 원의 지름을 재어 보면 4cm이고, 반지름은 2cm야. 한 원에서 지름은 반지름의 2배란다. 그렇다면 반지름 5cm인 원을 그리면 지름은 몇 cm일까? 그래. 5cm의 2배인 10cm란다.

원의 지름은 반드시 원의 중심을 지나.

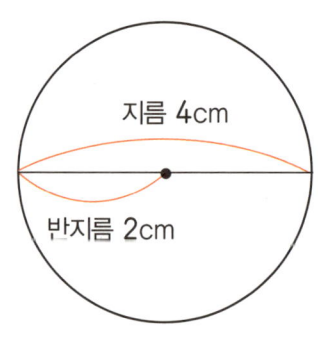

지름 4cm
반지름 2cm

원으로 만드는 아름다운 무늬

원하는 크기대로 원을 그릴 수 있는 방법을 배웠으니까 다양한 원을 그려 아름다운 무늬를 만들어 보자.

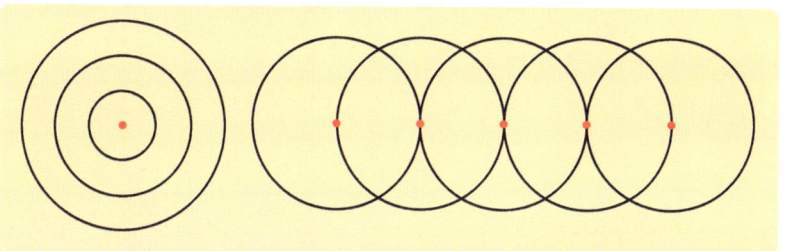

원의 반지름의 길이를 다르게 하면 왼쪽과 같은 그림을 그릴 수 있고, 원의 중심을 이동하며 그리면 오른쪽과 같은 그림을 그릴 수 있단다.

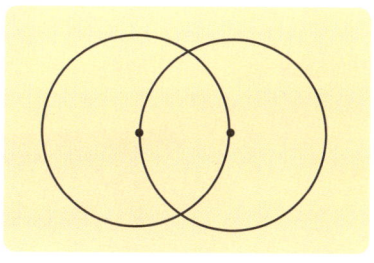

원으로 정말 다양한 무늬를 만들 수 있구나.

이 그림은 아주 오랜 옛날 서양 사람들이 사용한 '베시카 피시스'라는 작도법이란다. 베시카 피시스는 라틴어로 '물고기의 부레'란 뜻을 가지고 있는데, 물고기의 부레와 모양이 비슷하다고 해서 붙은 이름이란다. 옛날 사람들은 이런 모양을 많이 사용했는데 보석을 디자인할 때에도 원 두 개를 그려 양쪽으로 대칭이 되도록 만들었다는구나.

요즘에도 생활용품, 미술 작품, 보석 등의 다양한 디자인에 원이 활용되고 있단다.

탄탄 실력 ❽

새롬이와 다람이가 펜토미노 퍼즐을 맞추고 있어. 펜토미노란 '다섯'을 나타내는 말 '펜토'와 '조각'을 나타내는 말 '미노'가 합쳐져 만들어진 말로 다섯 조각을 뜻한단다. 펜토미노는 정사각형 5개로 만든 조각인데 모두 12개의 모양이 있어.

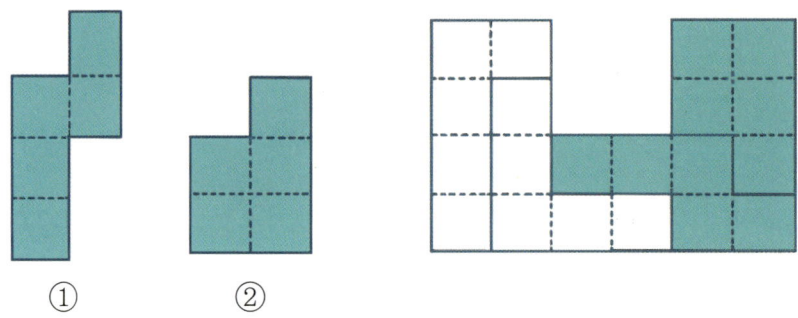

① ②

서술형 1 ① 도형을 어떻게 움직여서 퍼즐을 맞출 수 있는지 설명해 보렴.

서술형 2 ② 도형을 어떻게 움직여서 퍼즐을 맞출 수 있는지 설명해 보렴.

 선생님 집을 중심으로 새롬이 집과 다람이 집의 위치와 거리를 원으로 나타냈어.

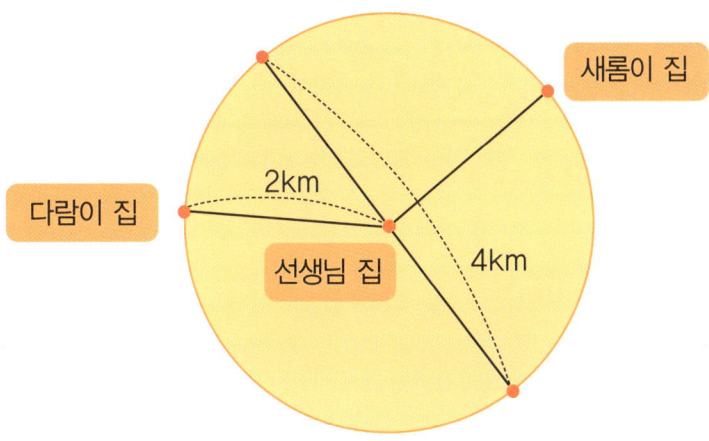

1 선생님 집에서 다람이 집까지의 거리는 2km란다. 선생님 집에서 새롬이 집까지의 거리는 얼마나 될까?

_____ km

2 **1** 과 같이 답한 이유를 설명해 보렴.

핵심 콕콕

- 한 원에서 반지름의 길이는 모두 같단다.
- 지름은 반지름의 2배야. 지름은 반드시 원의 중심을 지나지.

이야기 수학 ④
피라미드에 사용된 직각삼각형

아주 오랜 옛날부터 우리나라에서나 다른 나라에서나 건축물을 지을 때 가장 중요하게 여긴 것은 외부의 충격이나 험한 날씨에도 버틸 수 있게 견고하게 지어야 한다는 것이었단다. 그러려면 지면과 완벽하게 직각을 이루도록 건축물을 지어야 한다고 생각했지.

이집트, 바빌로니아, 중국, 인도에서는 아주 오래전부터 지면과 건축물이 직각이 되도록 건축물을 지었단다. 지면과 직각이 되도록 세운 이집트의 피라미드는 지금까지 수천 년을 견고하게 버티고 서 있는 놀라운 세계문화유산이지.

▲ 피라미드
돌로 쌓아 만든 사각뿔 모양 건축물로 주로 왕이나 왕족의 무덤으로 만들어졌다.

피라미드처럼 거대한 건축물을 견고하게 세울 수 있었다는 것은 그 당시 수학과 건축이 아주 발달했었다는 것을 의미한단다. 그럼 그 시대 사람들은 어떻게 직각을 재어서 건축물을 만들었을까?

이집트 사람들은 각 변의 길이 비율이 3, 4, 5인 직각삼각형을 만들어 건축물을 지을 때 사용했었다는 기록이 남아 있단다.

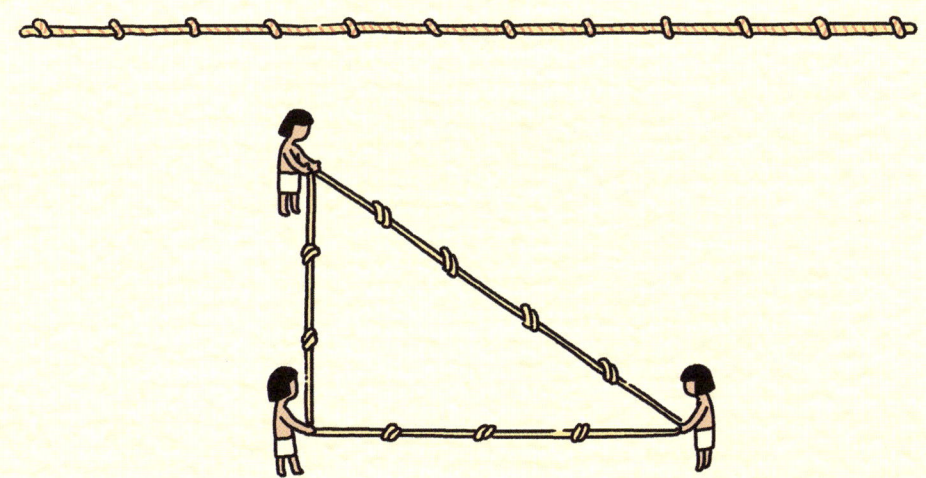

기다란 밧줄에 똑같은 간격으로 12개의 매듭을 짓고, 세 사람이 그림과 같이 밧줄을 잡고 서는 거야. 그러면 매듭으로 3등분된 밧줄과 4등분된 밧줄 사이에 직각이 만들어져. 이렇게 직각삼각형을 만들어 건축물을 지었다니 참 지혜롭지?

그렇게 사람들은 경험으로 알게 된 몇 가지 직각삼각형만 사용하다가 기원전 6세기에 이르러 피타고라스 학파가 직각을 만드는 방법을 찾아냈고, 직각을 더욱 널리 사용하게 되었단다.

똑똑 수학 일기 ④

날짜 20☆♡년 ♧월 ☆일 날씨 흐림
제목 미술 작품 속 도형

　선생님과 함께 미술 전시관에 가서 칸딘스키의 작품을 감상했다. 칸딘스키는 점, 선, 면을 이용하여 추상화를 그린 화가로 유명하다고 했다.
　칸딘스키는 작품에 삼각형, 사각형 모양을 많이 사용했는데, 특히 작품 '구성 8번'에는 선분, 반직선으로 그린 각, 직각삼각형, 직사각형, 다양한 크기의 원이 나타나 있었다. 선생님께서 산과 구름, 태양 등의 자연의 모습을 상징적으로 그린 것이라고 설명해 주셨다. 그림을 모두 이해하기는 어려웠지만, 미술 작품에서 수학 시간에 배운 도형들을 찾을 수 있어 신기했다.

요리는 수학!

 새롬이가 맛있는 스파게티도 먹지 않고, 심각한 표정으로 앉아 있구나. 아빠가 요리하면서 말씀하신 측정 단위들이 많이 헷갈렸나 봐. 요리를 할 때뿐 아니라 수학은 우리 생활 곳곳에 필요하단다.

새롬이 아빠는 스파게티를 만드실 때 스파게티 면의 포장지에 써 있는 대로 무게를 재고, 물의 양을 생각하고, 시간을 쟀지. 만약 포장지에 그런 표시가 없었다면 맛있게 요리하기가 조금 힘들었을 거야.

무게를 나타내는 '그램(g)'이나 양을 나타내는 '리터(L)', 시간을 나타내는 '분', '초'와 같이 누구나 알 수 있는 약속된 단위가 있어야 정해진 대로 요리를 할 수 있겠지? 그래서 사람들은 아주 오랜 세월에 걸쳐 여러 가지 단위를 만들고 서로 약속한 거란다.

이번에는 여러 가지 단위 중에서 길이, 시간, 무게, 들이와 관련된 단위에 대해 알아보고, 측정과 어림하는 법에 대해서도 배워 볼 거야. 그럼 시작해 볼까?

 개념 이어 보기

앞에서 배운 개념	이번에 배울 개념	뒤에서 배울 개념
• 길이 재기(cm, m) • 시각 읽기(몇 시 몇 분)	• 길이(mm, km)와 시간(시, 분, 초) • 들이(L, mL)와 무게(g, kg)	• 평면도형의 둘레와 넓이

109

쏙쏙 개념 ⑩

길이와 시간

3학년 1학기
길이와 시간

석류 씨 한 알의 길이

측정이란 일정한 양을 기준으로 해서 같은 종류의 다른 양의 크기를 재는 것이란다. 그렇다면 기준이 되는 일정한 양이란 뭘까? 우리가 이미 배운 뼘이나 자에 표시되어 있는 센티미터(cm)와 같이 약속된 단위를 뜻한단다. 즉, 길이를 측정한다는 것은 cm나 m 등의 약속된 단위를 사용해서 물건의 길이를 재는 것이지.

자를 보면 cm보다 작은 눈금이 그려져 있지? 그게 cm보다 작은 단위란다.

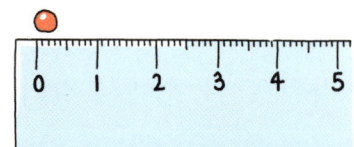

그런데 cm나 m로는 잴 수 없는 것들이 있어. 새콤달콤 맛있는 석류 열매 속 씨 한 알의 길이는 얼마나 될까? 이렇게 작은 씨의 길이를 재려면 1cm보다 작은 단위가 필요하겠지? 그래서 사람들은 1cm보다 작은 물건의 길이를 재기 위해 1cm를 10등분한 것 중의 1을 기준으로 하여 새로운 단위를 만들었단다.

110

1cm를 10등분한 것 중의 1을 1mm라고 쓰고, 1밀리미터라고 읽어. 그러니까 1mm는 0.1cm이고, 1cm는 10mm인 거지.

석류 씨 한 알의 길이는 3mm보다는 길고, 4mm보다는 짧아. 자세히 보니 3mm보다는 4mm에 가깝구나. 그럴 때에는 어림해서 약 4mm라고 해.

mm는 스파게티 면의 굵기나 신발의 크기 등을 잴 때에도 쓰이고, 강수량의 단위로도 사용된단다.

지금 중부 지방은 시간당 400mm의 비가 쏟아지고 있습니다. 경기 북부에는 350mm가 넘는 비가 내렸고, 강원도에는 150mm 정도의 비가 내렸습니다.

cm와 mm를 같이 사용할 수도 있어. 5cm보다 6mm 더 긴 것을 5cm 6mm라고 쓰고, 5센티미터 6밀리미터라고 읽으면 되지.

5cm 6mm는 56mm와 같아.

세계에서 가장 긴 강의 길이

세계에서 가장 긴 강이 어느 강인지 아니? 바로 이집트의 나일 강이란다. 길이가 약 6,693,000m 이지. 그리고 중국의 양쯔 강이 약 6,300,000m, 브라질의 아마존 강이 약 6,299,000m, 미국의 미시시피 강이 약 6,238,000m란다.

그런데 표정들이 왜 그러니? 숫자가 너무 커서 어떻게 읽어야 할지 잘 모르겠다고? 사실은 선생님도 헷갈렸단다. 하하하! 이 숫자들을 좀 더 간단히 나타낼 수는 없을까? 그래. m보다 큰 단위를 사용하면 되겠지?

그래서 1m를 1000씩 묶어서 만든 단위가 있지. 1000m를 1km라고 쓰고, 1킬로미터라고 읽는단다. km를 사용해서 강의 길이를 나타내면 m를 사용하는 것보다 알아보기가 쉽단다.

1000m=1km,
100cm=1m,
10mm=1cm란다.

> 이집트의 나일 강 : 6,693km(6,693,000m)
> 중국의 양쯔 강 : 6,300km(6,300,000m)
> 브라질의 아마존 강 : 6,299km(6,299,000m)
> 미국의 미시시피 강 : 6,238km(6,238,000m)

길이의 덧셈과 뺄셈

km는 m와 함께 많이 쓰인단다. 공원에서 전망대까지 올라갔다가 내려오려고 해. 공원 안내도를 보고 거리가 얼마나 되는지 계산해 볼까? 3.4km는 3km 400m와 같아. 3km 400m+1km 900m를 계산하면 거리는 5km 300m라는 걸 알 수 있단다.

이번에는 어느 길이 얼마나 더 긴지 알아볼까? 3km 400m-1km 900m를 계산하면 올라가는 길이 1km 500m 더 길다는 걸 알 수 있단다.

> 길이의 덧셈과 뺄셈을 할 때, km는 km끼리, m는 m끼리, cm는 cm끼리, mm는 mm끼리 더하고 빼면 된단다.

공원 안내도
- 전망대
- 올라가는 길 3.4km
- 내려오는 길 1km 900m
- 공원

3.4km + 1km 900m
=3km 400m + 1km 900m
=4km 1300m
=5km 300m

3.4km - 1km 900m
=3km 400m - 1km 900m
=2km 1400m - 1km 900m
=1km 500m

> 십의 자리는 십의 자리끼리, 일의 자리는 일의 자리끼리 더하고 빼는 것처럼, 같은 단위끼리 더하고 빼면 되는군요.

60씩 쪼개지는 시간

선생님은 오늘 저녁에 다람이, 새롬이와 함께 한강 시민공원에 가기로 했어. 그곳에서 세계불꽃축제가 벌어진다는구나. 8시에 시작해서 각 나라마다 25분씩 불꽃을 쏜다고 해. 8시와 같이 어느 한 시점을 나타내는 것을 시각이라고 해. 시간은 어떤 시각에서 어떤 시각까지의 사이를 나타낸단다. 불꽃축제가 시작하는 시각은 8시이고, 불꽃축제에서 나라마다 주어진 시간은 25분이야. 8시는 시각이고, 25분 동안은 시간인 거란다. 25분 동안 자그마치 4만 5천 발의 불꽃을 쏘아 올린다고 하니, 눈 깜짝할 사이에 불꽃들이 화려하게 터지고 사라지겠지?

그럼 쏘아 올린 불꽃 하나가 밤하늘 위로 퍼지는 시간은 얼마나 될까? 시나 분 단위로는 정확한 시간을 측정하기 어렵겠지? 시나 분보다 더 정밀한 시간을 재고 나타내기 위해 만들어진 단위가 초란다. 1초는 시계의 초침이 작은 눈금 한 칸을 지나는 데 걸리는 시간으로, 60초는 1분과 같아.

시간의 계산

새롬이 아빠가 스파게티를 만드실 때 스파게티 면은 9분 30초를 삶아야 면이 탱탱하고 맛있다고 했던 것 기억나니? 스파게티 면을 끓는 물에 넣은 시각이 오전 11시 55분 45초라면, 몇 시 몇 분 몇 초에 불을 끄고 면을 건져야 할까? 11시 55분 45초에 9분 30초를 더하면 알 수 있단다.

	11시	55분	45초
+		9분	30초
	11시	64분	75초
		1분 ← 60초	
	11시	65분	15초

→

	11시	55분	45초
+		9분	30초
	11시	65분	15초
		1시간 ← 60분	
	12시	5분	15초

60초 = 1분   60분 = 1시간

시는 시끼리, 분은 분끼리, 초는 초끼리 자리를 맞추어 계산한 다음, 60초는 1분으로, 60분은 1시간으로 바꾸어 주면 되겠지? 75초는 1분 15초와 같고, 65분은 1시간 5분과 같아. 그러니까 12시 5분 15초에 불을 끄고 면을 건지면 되겠지.

시간은 60이 될 때마다 단위가 바뀐단다. 그래서 125초는 12분 5초가 아니라, 2분 5초가 되는 거야.

탄탄 실력 9

새롬이네 가족과 다람이네 가족은 주말에 등산을 갔단다. 은행나무를 지나 약수터 근처에서 알록달록 예쁜 낙엽도 줍고, 도시락도 먹으며 즐거운 시간을 보냈지.

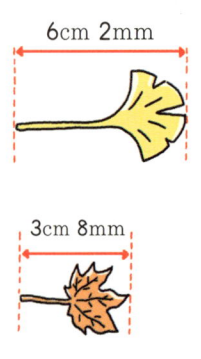

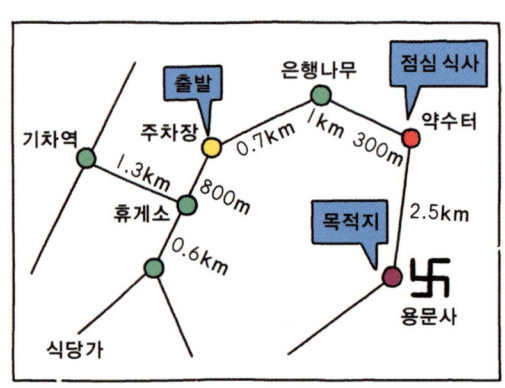

서술형 1 새롬이가 주운 은행잎과 다람이가 주운 단풍잎 중 어느 것이 몇 mm 더 긴지 설명해 보렴.

서술형 2 주차장에서부터 현재 위치인 약수터까지 등산한 거리는 얼마인지 설명해 보렴.

서술형 3 목적지인 용문사까지 가려면, 주차장에서 약수터까지 등산한 거리보다 얼마나 더 가야 하는지 설명해 보렴.

오늘은 아마추어 마라톤 대회가 열리는 날이야. 새롬이와 다람이는 결승선인 35km 지점에서 선생님을 기다리고 있어. 대회 시작 시각이 오전 9시 정각이었는데, 다람이가 중간에 전자 타이머를 보니 2시간 50분 40초가 지나고 있었어.

① 현재 마라톤 세계 최고 기록은 2011년 9월 베를린 마라톤에서 케냐의 패트릭 마카우 선수가 기록한 2시간 3분 38초라고 해. 선생님의 오늘 마라톤 완주 기록은 3시간 40분 16초란다. 패트릭 마카우 선수와 선생님의 기록 차이는 얼마일까?

② 결승선 35km 지점에서 선생님을 기다리던 다람이가 중간에 전자 타이머로 확인한 시각은 몇 시 몇 분 몇 초일까?

③ 선생님이 결승선에 도착한 시각은 몇 시 몇 분 몇 초일까?

핵심 콕콕

- 1cm=10mm, 1km=1000m란다.
- 1시간=60분, 1분=60초란다.
- 길이의 덧셈과 뺄셈은 같은 단위끼리 더하고 빼면 된단다.
- 시간의 덧셈과 뺄셈은 시, 분, 초끼리 더하고 빼면 된단다.

쏙쏙 개념 ⑪

들이와 무게

3학년 1학기
들이와 무게

액체의 양을 재는 들이의 단위

똑같은 그릇에 옮겨 담아 물의 높이가 더 높은 것이 들이가 더 많은 거야.

선생님 집에는 다양한 들이의 용기가 많이 있어. 들이란 통이나 그릇에 담을 수 있는 양을 뜻한단다.

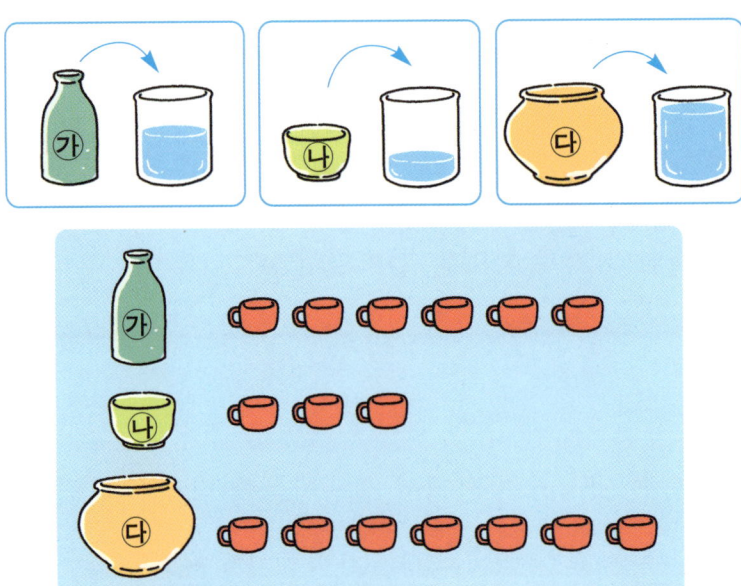

똑같은 컵에 따라냈을 때에는 컵의 수가 더 많은 게 들이가 더 많은 거란다.

세 개의 그릇 중 물을 가장 많이 담을 수 있는 그릇은 어느 것일까? 각 그릇에 물을 가득 채웠다가 모양과 크기가 똑같은 그릇 3개에 옮겨 담아 그릇의 높이를 비교해 보면 알 수 있어. 또 가득 채운 물을 모양과 크기가 똑같은 컵에 따라낸 뒤, 컵의 개수를 세어 비교해 봐도 알 수 있지. 따 그릇에 물이 가장 많이 들어가는구나.

118

그런데 ㉰ 그릇에 들어가는 물의 양은 정확히 얼마일까? 컵의 들이를 알면 그릇의 들이도 알 수 있어. 이때 자의 눈금과 같이 약속된 단위와 들이를 재는 도구가 있다면 들이를 보다 쉽고 정확하게 알 수 있겠지?

들이를 나타내는 단위에는 L와 mL가 있어. 1L는 1리터, 1mL는 1밀리리터라고 읽는단다. 1L는 1000mL와 같아. 1L보다 300mL 더 많은 들이는 1L 300mL라 쓰고 1리터 300밀리리터라고 읽어. 또는 간단히 소수로 1.3L라고 나타낼 수도 있단다.

우리 주변에서 들이가 표시되어 있는 물건들을 쉽게 찾을 수 있지. 너희가 좋아하는 우유나 주스, 음료수, 간장이나 케첩의 포장 겉면을 살펴보렴. 들이가 표시되어 있을 거야.

들이를 재는 도구에는 눈금 실린더, 비커, 스포이트 등이 있어. 병원에서 사용하는 주사기나 물약을 담아 주는 통에도 들이 단위가 표시되어 있지.

들이 계산하기

mL끼리의 합이 1000보다 크면 1000mL는 1L니까 1L로 받아올림해서 계산하면 된단다.

선생님의 어머니는 해마다 매실에 설탕을 넣고 담근 매실액을 만들어 보내 주신단다. 매실액은 양념을 만들 때에도 쓰고, 배탈이 났을 때 따뜻한 물에 타서 마시면 좋거든.

작년에 보내 주신 매실액이 1L 800mL 남아 있는데, 올해에도 2L 500mL나 보내 주셨단다. 지금 선생님 집에 있는 매실액은 모두 얼마나 될까? 또 올해 새로 보내 주신 매실액은 남아 있던 매실액보다 얼마나 많을까?

L는 L끼리, mL는 mL끼리 계산한 다음, 1000mL는 1L로 고쳐 주면 돼.

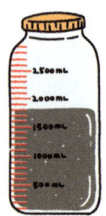 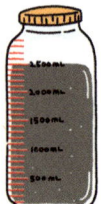

$$
\begin{aligned}
&1L\ 800mL + 2L\ 500mL \\
&= 3L\ 1300mL \\
&= 4L\ 300mL
\end{aligned}
\qquad
\begin{aligned}
&1L\ 800mL \\
&+\ 2L\ 500mL \\
&\overline{4L\ 300mL}
\end{aligned}
$$

mL끼리 뺄 수 없을 때에는 1L를 1000mL로 받아내림해서 계산하면 되겠네요.

$$
\begin{aligned}
&2L\ 500mL - 1L\ 800mL \\
&= 1L\ 1500mL - 1L\ 800mL \\
&= 700mL
\end{aligned}
\qquad
\begin{aligned}
&\overset{1\ \ 1000}{\cancel{2}L\ 500mL} \\
&-\ 1L\ 800mL \\
&\overline{700mL}
\end{aligned}
$$

지금 선생님 집에 있는 매실액은 모두 4L 300mL이고, 올해 새로 보내 주신 매실액은 남아 있던 매실액보다 700mL 더 많구나.

무거운 정도를 나타내는 무게의 단위

매실액을 만들 때에는 매실과 설탕의 양을 잘 맞추어서 넣어야 해. 매실과 설탕의 양을 맞추기 위해서 각각의 무거운 정도를 재어 봐야 한단다. 어떤 물체의 무거운 정도를 무게라고 해.

물체의 무게를 비교해 보려면 양손에 들어 보거나 양팔 저울을 사용해서 비교해 볼 수 있어. 그런데 양손에 들어 보거나 양팔 저울을 사용하면 어느 것이 더 무거운지는 알 수 있지만 얼마나 더 무거운지는 알 수 없지.

매실액을 만들 때에는 매실과 설탕의 무게를 정확하게 측정해야 하는데, 무게를 정확하게 측정하기 위해서는 눈금이 있는 저울을 사용해.

눈금이 있는 저울에 물체를 올리기 전, 눈금이 0에 맞춰 있는지 확인하렴!

무게의 단위에는 g과 kg이 있어. 1g은 1그램이라고 읽고, 1kg은 1킬로그램이라고 읽어. 1kg은 1000g과 같단다. 1kg보다 300g 더 무거운 무게는 1kg 300g이라고 쓰고, 1킬로그램 300그램이라고 읽어. 또는 소수로 1.3kg이라고 나타낼 수도 있지.

무게 어림하고 계산하기

물체를 들어 보고 무게를 어림한 다음 저울로 무게를 재어 보고, 생각했던 것과 얼마나 다른지 확인해 보렴.

다람이와 새롬이가 직접 매실액을 담궈 보기로 했어. 선생님은 어머니가 매실액 담그는 것을 많이 봐서 만드는 방법을 알고 있단다. 먼저 매실을 깨끗이 씻어서 씨를 빼. 씨를 뺀 매실에 매실과 같은 무게의 설탕을 잘 섞이도록 용기에 켜켜이 담은 후, 거즈 천으로 살짝 덮어서 상온에서 100일~6개월 정도 숙성시키면 된단다.

그런데 매실 1개의 무게는 어느 정도 될까? 저울로 재기 전에 들어 보고 어림해 볼까? 100g과 1kg짜리 추가 있으면 추를 들어 본 뒤에 어림해 보자. 새롬이는 매실이 100g과 비슷한 것 같대.

이번엔 귤과 사과의 무게를 어림해 볼까? 귤 1개는 100g보다 무거운 것 같대. 사과는 100g보다는 무겁지만 1kg보다 가벼운 것 같다고 하네. 그럼 이제 저울에 올리고 무게를 확인해 보자. 귤 1개의 무게는 121g, 사과 1개의 무게는 206g이구나!

이제 다람이와 새롬이가 각자 준비해 온 재료를 가지고 매실액을 담궈 볼까? 다람이가 준비한 매실의 무게를 재어 보니 2kg 200g이구나. 그럼 설탕도 2kg 200g이 필요하단다. 새롬이가 준비한 매실의 무게는 1kg 600g이니까 설탕도 1kg 600g을 넣어야 해.

다람이와 새롬이가 각자 준비한 매실과 설탕의 무게를 합하면 얼마나 될까? kg은 kg끼리, g은 g끼리 계산한 다음 1000g은 1kg으로 바꾸어 주면 된단다.

g끼리의 합이 1000이거나 1000보다 크면 1000g을 1kg으로 받아올림해서 계산하면 돼.

〈다람이가 준비한 매실과 설탕의 무게〉

2Kg 200g + 2Kg 200g
=4Kg 400g

```
  2Kg 200g
+ 2Kg 200g
----------
  4Kg 400g
```

〈새롬이가 준비한 매실과 설탕의 무게〉

1Kg 600g + 1Kg 600g
=2Kg 1200g
=3Kg 200g

```
  1Kg 600g
+ 1Kg 600g
----------
  3Kg 200g
```

g끼리 뺄 수 없을 때에는 1kg을 1000g으로 받아 내림해서 계산하면 되고.

이제 매실과 설탕을 잘 섞어 담았으니 매실액이 만들어질 때까지 기다려 보자꾸나.

탄탄 실력 ⑩

새롬이와 다람이가 선생님 집에 놀러 왔어. 선생님은 재활용 쓰레기 분리수거를 하고 있었지. 새롬이와 다람이도 선생님을 도와주었단다. 선생님은 일을 끝낸 뒤, 새롬이와 다람이에게 쿠키와 우유를 간식으로 주기로 했어.

1 새롬이와 다람이는 선생님을 돕다가 주스 병, 우유 병, 음료수 병의 들이가 궁금해졌어. 병에 물을 가득 채웠다가 모양과 크기가 같은 그릇에 각각 옮겨 담았어. 들이가 많은 병부터 차례대로 이야기해 보렴.

2 (서술형) 선생님은 2L 들이 병에 가득 든 우유를 가져와서 새롬이와 다람이에게 각각 250mL 들이 컵에 가득 따라 주었어. 그런데 새롬이가 실수로 컵에 든 우유를 몽땅 엎질렀지 뭐야. 선생님은 다시 컵에 우유를 가득 따라 주었어. 이제 우유병에 우유가 얼마나 남아 있을지 설명해 보렴.

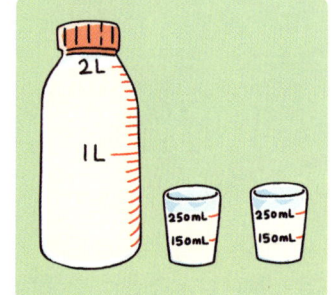

새롬이네 가족은 고구마를 캐러 주말 농장에 갔어. 시간 가는 줄 모르고 고구마를 캐다 보니 꽤 많은 양이 모아졌단다. 호박고구마와 밤고구마를 구분하여 자루와 상자에 가득 담았지.

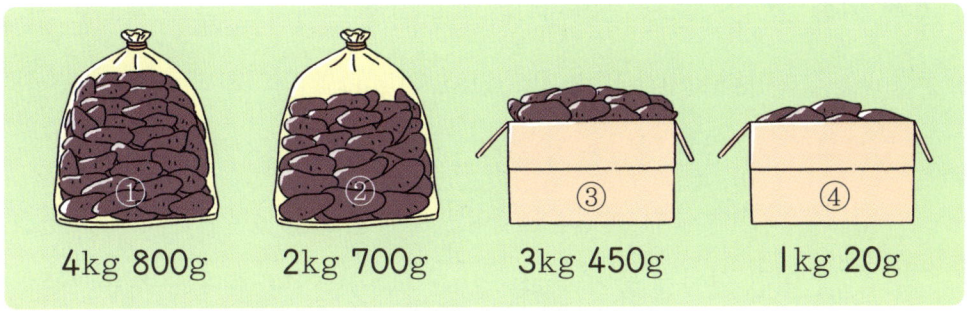

① 4kg 800g   ② 2kg 700g   ③ 3kg 450g   ④ 1kg 20g

1 자루 ①과 ②의 호박고구마를 합하면 몇 kg 몇 g일까? 상자 ③과 ④의 밤고구마를 합하면 몇 kg 몇 g일까?

2 (서술형) 아빠는 가장 무거운 고구마 자루를 들고, 새롬이 동생은 가장 가벼운 고구마 상자를 들었어. 이 둘의 무게 차이는 얼마나 될지 설명해 보렴.

핵심 콕콕

들이의 덧셈과 뺄셈, 무게의 덧셈과 뺄셈은 같은 단위끼리 계산하면 돼.

우리 조상들이 사용했던 여러 가지 단위

　만약 타임머신을 타고 600년 전 과거로 간다면 어떨까? 시장에 가서 '쇠고기 300그램(g) 주세요.'라고 하면 정육점 주인은 아마 고개를 갸우뚱할 거야. 그 당시에는 그램(g)이라는 단위가 없었거든. 우리가 배운 미터(m)와 킬로미터(km)와 밀리미터(mm), 리터(L)와 밀리리터(mL), 그램(g)과 킬로그램(kg) 같은 단위는 약 200년 전에 처음 만들어졌단다.

　그럼 그 이전에 우리 조상들은 어떤 단위를 사용했을까? '홉', '되', '말', '섬'이란 단위를 들어 본 적 있니? 모두 쌀이나 콩 등 곡식을 재는 단위로 우리 조상들이 사용했던 들이의 단위야. 한 홉은 약 180mL, 한 되는 약 1L 800mL, 한 말은 약 18L, 한 섬은 약 180L란다.

무게의 단위는 좀 더 다양하고 복잡했단다. '근'은 쇠고기나 돼지고기 같은 육류의 무게를 잴 때 사용했던 단위야. 한 근은 600g에 해당하는 무게란다. '돈'은 금이나 은과 같은 귀금속류의 무게를 잴 때 사용했던 단위로 한 돈은 약 3.75g이란다. 그리고 '냥'은 귀금속이나 한약재의 무게를 잴 때 사용했던 단위로 한 냥은 약 37.5g이야. 즉, 한 냥은 열 돈인 셈이지. 무게의 단위에는 '관'이란 단위도 있었어. 한 관은 약 3.75kg 정도야. 또, '수동이'란 광석의 무게를 나타내는 단위로 한 수동이는 약 37.5kg이란다.

　길이의 단위는 '자', '치', '푼', '리', '마장' 등 종류가 무척 많았단다. 그중 '자'는 '척'이라고도 하는데, 약 30cm로 옛 사람들이 키를 나타낼 때 주로 사용했어. '한 치 앞도 못 본다.'는 속담에도 나오는 단위인 '치'는 약 3cm이고, 예로부터 전해 내려오는 우리 노래인 아리랑의 노랫말에 나오는 '십 리도 못 가서 발병난다.'에서 '리'는 약 393m란다.

날짜 20☆♡년 ♣월 △일 날씨 비
제목 요리에 숨겨진 수학의 비밀

아빠가 스파게티를 만들어 주셨다. 사 먹는 스파게티보다 훨씬 더 맛있었다. 아빠에게 살짝 비결을 물어보았다. 맛있는 아빠표 스파게티의 비밀은 면을 삶는 정확한 시간과 물과 소금의 양이었다. 스파게티 2인분을 만들려면 면 180g을 물 3L에 넣고, 소금 45g을 넣어서 정확하게 9분 30초를 삶으면 된다는 것이었다. 아빠의 요리 비법은 바로 수학이었다!

 새롬아, 여러 가지 단위와 측정 방법을 알면 요리뿐만 아니라 일상생활에서 여러 가지로 유용하게 쓰인단다!

진짜 문을 찾아라!

 새롬이가 꿈속에서 규칙이 있는 진짜 문을 찾느라 고생이 많았구나. 우리 함께 규칙이 있는 진짜 문을 찾아볼까? 문에 있는 무늬를 하나씩 잘 살펴보면 어느 것이 진짜 문인지 알 수 있을 거야.

위쪽의 무늬를 보면 ◆◆♪⌂⌂⌂ 모양이 되풀이되고 있어. 그런데 아래쪽의 무늬를 보면 ◆⌂♪♣☁ 모양이 규칙 없이 나열되어 있지? 그러니까 위쪽의 무늬가 있는 문이 규칙이 있는 진짜 문이란다.

우리 주변에서 규칙이 이용되는 경우를 알아보고, 규칙을 정해서 무늬를 꾸미는 방법도 알아보자.

그리고 생활과 밀접한 자료들을 정리해서 한눈에 알아보기 쉽도록 그래프를 그리는 방법도 생각해 보자.

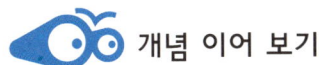 개념 이어 보기

앞에서 배운 개념	이번에 배울 개념	뒤에서 배울 개념
• 규칙 찾기 • 분류하기, 표 만들기	• 규칙 찾기 • 자료 정리하기 • 표와 그림그래프	• 규칙을 수로 나타내기

쏙쏙 개념 ⑫

규칙을 정해 무늬 꾸미기

3학년 2학기
규칙성

반복되는 규칙 찾기

새롬이네 가족은 인테리어 가게에 갔어. 새롬이네 욕실 벽이 낡아서 새 타일을 붙이기로 했대. 새롬이는 인테리어 가게 한쪽에 있는 디자인 테이프가 눈에 띄었어. 유심히 살펴보던 새롬이는 수첩을 예쁘게 꾸미기 위해 마음에 드는 것을 하나 골랐단다.

배열되어 있는 무늬에서 반복되는 모양이나 색깔, 일정하게 변하는 위치 등을 관찰하여 규칙을 찾을 수 있어.

디자인 테이프를 자세히 보니 무늬가 규칙적으로 들어가 있었어. 첫 번째는 꽃, 두 번째는 병아리, 세 번째는 버섯, 네 번째는 앵두, 다섯 번째는 꽃, 여섯 번째는 병아리…. 꽃, 병아리, 버섯, 앵두 모양이 반복되는 것을 알 수 있지?

규칙을 정해 무늬 꾸미기

새롬이네 가족은 예쁜 타일이 너무 많아서 무엇을 고를지 고민이었어. 아빠, 엄마, 새롬이가 서로 다른 무늬의 타일을 한 개씩 골랐지.

타일을 욕실 벽에 쭉 이어 붙였을 때는 어떤 모양이 될지 타일을 여러 장 꺼내서 쭉 늘어놓아 보고, 그중 가장 마음에 드는 것을 고르기로 했단다.

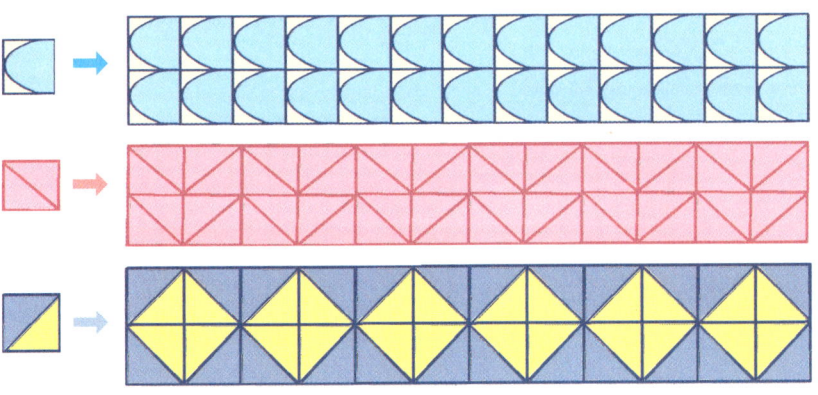

기본 도형을 밀거나 뒤집거나 돌리면서 규칙에 따라 배열해 여러 가지 무늬를 꾸밀 수 있단다.

기본 도형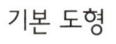

밀기

뒤집기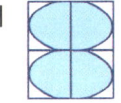

돌리기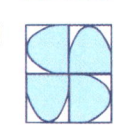

새롬이는 타일을 그대로 쭉 늘어놓았는데, 엄마와 아빠는 돌리면서 늘어놓았어. 이렇게 타일을 여러 장 늘어놓으니까 한 장씩 볼 때와는 다른 새로운 무늬가 생겼지?

새롬이네 가족은 새롬이가 고른 타일로 결정했어. 새롬이는 새로 꾸민 욕실 벽이 무척 기대되었단다.

규칙 찾아 문제 해결하기

새롬이네 가족은 욕실 공사를 언제 하면 좋을지 정하기 위해 달력을 보았어. 그런데 가게에 걸려 있는 달력이 찢어져 있었어.

"내년 1월 15일쯤 공사를 하려는데, 무슨 요일이지?"

엄마의 말에 새롬이는 달력을 보며 고개를 갸우뚱거렸어. 우리 함께 12월 달력을 보며, 1월 15일이 무슨 요일인지 알아볼까?

1주일은 7일이니까 같은 요일의 날짜는 7씩 커지는 규칙이 있다는 것과 그 달이 며칠까지 있는지를 알면 쉽게 구할 수 있어.

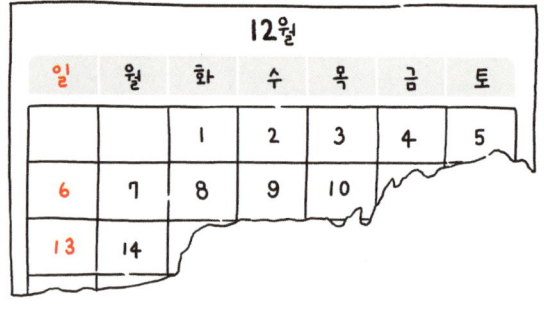

먼저 12월 31일이 무슨 요일인지 알아보자. 1주일은 7일이고 7일마다 같은 요일이 반복돼. 그러니까 요일을 알고 있는 날짜에서 7씩 계속 더해서 알고 싶은 날짜와 가까운 날짜의 요일을 알아보고, 계산해 보렴.

12월 7일, 14일, 21일, 28일은 월요일이야. 그럼 29일은 화요일, 30일은 수요일, 31일은 목요일이구나. 1월 1일은 금요일이고, 8일, 15일도 금요일이야.

위의 12월 달력을 보고, 11월 1일은 무슨 요일인지도 알아보렴.

표를 만들어서 문제 해결하기

새롬이네 가족이 계산하고 가게를 나가려 해. 잔돈 600원을 동전으로 내려고 한단다. 50원짜리 동전과 100원짜리 동전으로 600원을 만드는 방법을 찾아볼까?

주어진 조건을 일정한 규칙에 따라 한눈에 알아보기 쉽게 표를 만들어 보자. 100원짜리 동전이 6개, 5개, 4개, 3개, 2개, 1개, 0개 있을 때 50원짜리 동전은 몇 개 있어야 하는지 알아보자.

주어진 조건 사이에 일정한 관계나 규칙이 있는 경우 표를 만들어서 문제를 해결하면 편리해.

100원짜리(개)	6	5	4	3	2	1	0
50원짜리(개)	0	2	4	6	8	10	12

600원을 만드는 방법은 모두 7가지야.

이번에는 50원짜리 동전과 10원짜리 동전으로 200원을 만드는 방법을 알아보고, 모두 몇 가지인지 알아보자.

50원짜리(개)	4	3	2	1	0
10원짜리(개)					

 가지

오는 길에 새롬이는 연필과 사인펜을 사러 문구점에 들렀단다. 1자루에 연필은 200원, 사인펜은 400원이었어. 남는 돈이 없이 연필과 사인펜을 2000원어치 살 수 있는 경우는 모두 몇 가지인지 표를 만들어서 알아보렴.

사인펜(자루)	4	3	2	1
연필(자루)				

 가지

쏙쏙 개념 ⑬

표와 그래프

3학년 2학기
표와 그래프

조사 결과 정리

자료를 정리하는 방법에는 어떤 것들이 있나요?

새롬이와 다람이네 학교 아이들은 다른 학교 아이들과 운동 기구를 이용한 운동 시합을 하기로 했어. 어떤 운동 시합을 할지는 아이들이 가장 좋아하는 운동 기구를 조사해 본 뒤에 결정하기로 했지. 새롬이와 다람이가 아이들이 가장 좋아하는 기구가 무엇인지 조사하기로 했단다.

표나 그래프로 나타낼 수 있지. 그래프는 자료의 특성에 따라서 막대그래프, 그림그래프, 꺾은선그래프 등으로 나타낸단다.

새롬이와 다람이가 만들어 놓은 판에 아이들이 스티커를 잔뜩 붙여 놓았어. 이것만 보이시는 각 운동 기구를 좋아하는 학생 수를 알아보기가 힘들지?

그래서 새롬이와 다람이는 조사 결과를 표로 만들어 보았어. 표로 만드니까 학생 수를 알아보기가 좀 더 쉬워졌어.

운동 기구	인라인스케이트	킥보드	자전거	S보드	합계
학생 수(명)	24	19	21	16	80

하지만 표로 나타내니까 수의 크기를 한눈에 비교하기는 쉽지 않은 것 같아. 새롬이와 다람이는 어떻게 하면 자료를 쉽게 비교할 수 있을지를 생각해 보다가 그래프로 나타내 보았어. 조사한 수를 막대로 나타낸 그래프를 막대그래프 라고 한단다.

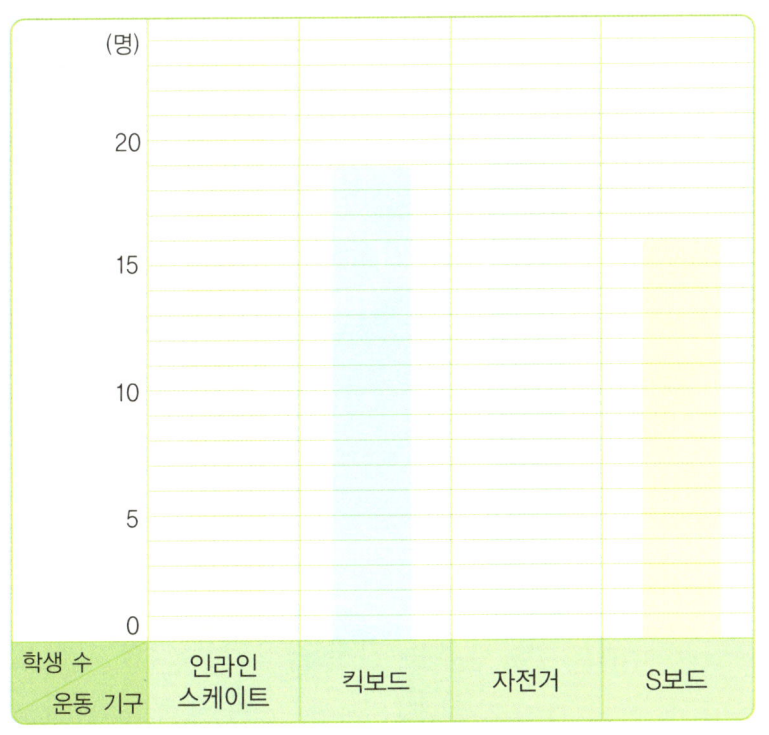

〈운동 기구별 학생 수〉

막대그래프를 그릴 때에는 가로와 세로 중에서 조사한 수를 어느 쪽에 나타낼지 먼저 정해야 한단다. 가장 큰 수까지 나타낼 수 있도록 눈금 한 칸의 크기를 정한 후 눈금의 수를 정해. 그리고 조사한 수에 맞게 막대를 그리고 제목을 붙이면 된단다.

막대그래프는 항목별 수의 크기를 한눈에 비교하기 편리해.

이제 좋아하는 운동 기구별 학생 수가 한눈에 들어오고 비교하기가 더 쉬워졌지?

그림 그래프 그리기

주말에 새롬이와 다람이는 서점에 갔어. 서점에는 책을 읽고 있는 아이들이 아주 많았어. 새롬이는 과학책을, 다람이는 역사책을 읽었단다.

호기심 많은 새롬이와 다람이는 오늘 하루 동안 다른 아이들은 어떤 책을 얼마나 사 갔는지 궁금해서 계산대에 계신 분께 여쭤보았어. 그랬더니 친절하게 알려 주셨단다.

〈하루 동안 팔린 책의 수〉

종류	위인전	동화책	만화책	과학책	합계
책의 수(권)	110	230	340	70	750

하루 동안 팔린 책의 수를 종류별로 조금 더 보기 쉽게 나타낼 수 없을까? 그래서 그림그래프로 나타내어 보기로 했지. 조사한 수를 그림으로 나타낸 그래프를 그림그래프라고 해. 그림그래프는 자료의 특징을 살린 그림으로 나타내므로 의미를 알기 쉽단다. 그래서 제목을 보지 않아도 조사한 내용을 짐작할 수 있어. 표를 보고, 그림그래프를 그려 볼까?

그림그래프를 그릴 때에는 먼저 자료의 특징을 가장 쉽게 나타낼 수 있는 그림을 정해야 한단다. 그림을 몇 가지로 나타낼 것인지 정하고, 그림 한 개가 얼마의 수량을 나타낼지도 정해서 조사한 수에 맞게 그림을 그려야 해.

〈하루 동안 팔린 책의 수〉

종류	책의 수
위인전	📖📖
동화책	📖📖 📖📖📖📖
만화책	📖📖📖 📖📖📖📖📖
과학책	📖📖📖📖📖📖📖📖

새롬이와 다람이는 책 10권을 크기가 작은 책 모양으로, 100권을 크기가 큰 책 모양으로 표현했구나.

그림그래프는 실물 모양의 그림으로 나타내기 때문에 주어진 자료의 의미를 한눈에 쉽게 파악할 수 있는 장점이 있지. 그림그래프를 보니 만화책이 가장 많이 팔리고, 과학책이 가장 적게 팔렸다는 것을 한눈에 알 수가 있구나.

> 수량을 큰 그림으로 최대한 그리고 나머지를 작은 그림으로 그려야 해. 그림의 수량을 너무 작게 잡으면 그림 수가 많아져서 알아보기가 힘들어.

탄탄 실력 ⑪

새롬이네 가족은 인테리어 가게를 나와 과일 가게에 들렀어. 잘 익은 딸기가 가지런히 진열되어 있었지. 딸기를 아래와 같은 규칙으로 놓는다면 여섯 번째에는 딸기가 몇 개 놓일지 알아보렴.

순서	첫 번째	두 번째	세 번째	네 번째
딸기 수				

1 빈칸에 딸기의 수를 써 보렴.

2 첫 번째에서 두 번째로 변할 때 딸기는 몇 개가 더 많아졌니?

(   ) 개

3 두 번째에서 세 번째로 변할 때 딸기는 몇 개가 더 많아졌니?

(   ) 개

서술형
4 여섯 번째에는 딸기가 몇 개 놓일지 설명해 보렴.

핵심 콕콕

변화되는 모양이나 수를 확인해 나가면 쉽게 풀 수 있단다.

다람이는 동네에 있는 인형 가게를 찾아다니면서 인형의 판매량을 조사했어. 그리고 가게별 인형의 판매량을 그림그래프로 그려 보았단다.

가게	인형 수
별	
달	
해	
구름	

① 별 가게의 인형 판매량은 몇 개인지 알아보렴.

(   ) 개

② 해 가게의 인형 판매량은 달 가게의 2배라고 해. 해 가게의 인형 판매량은 몇 개일지 설명해 보렴.

③ 해 가게의 인형 판매량을 빈칸에 그림으로 그려 넣어 보렴.

핵심 콕콕

그림그래프에서 큰 그림과 작은 그림이 각각 얼마를 나타내는지 파악해 항목별 수량을 구해 보렴.

이야기 수학 ❻

아름다움을 디자인하는 수학

'테셀레이션'이란 마루나 욕실 바닥에 깔려 있는 타일처럼 똑같은 모양의 도형으로 어떠한 틈이나 포개짐이 없이 평면이나 공간을 완벽하게 덮는 것을 말해. 라틴어 '테셀라'에서 유래되었다고 하는데, 고대 로마에서 모자이크에 사용되었던 작은 정사각형 모양의 돌 또는 타일을 뜻하는 말이었대.

테셀레이션은 역사 속에서 흔히 볼 수 있어. 기원전부터 유래된 이슬람 문화의 벽걸이 융단, 퀼트, 옷, 깔개, 가구의 타일, 건축물 등에서 찾아볼 수 있단다.

▲ 벽걸이 융단이나 퀼트에서 볼 수 있는 테셀레이션 문양

테셀레이션을 이용한 가장 대표적인 것은 스페인에 있는 알람브라 궁전의 모자이크 모양이야.

▲ 알람브라 궁전의 모자이크 모양

네덜란드의 미술가 에스허르 (1898~1972)는 이슬람 문화의 모자이크에서 영감을 받아 테셀레이션을 예술적 경지로 발전시키기도 했단다.

우리나라의 벽지나 전통 창살 문양에서도 테셀레이션을 찾아볼 수 있지.

▲ 전남 순천의 선암사 원통전 꽃 창호

그리고 우리 일상생활 속에서도 흔히 볼 수 있는데, 길거리의 보도블록이나 거실, 욕실의 타일, 상품의 포장지도 테셀레이션을 이용한 것이 많단다.

▲ 네덜란드의 미술가 에스허르의 작품

날짜 20☆♡년 ♣월 △일 날씨 맑음

제목 30번째 바둑알은 무슨 색?

  수학 문제를 풀다가 바둑알 문제가 나왔다. 검정색 바둑알, 흰색 바둑알, 검정색 바둑알, 흰색 바둑알이 계속 번갈아 반복되는 그림이 있었다. 그런데 문제는 30번째에는 어떤 색깔 바둑알이 나올지를 묻는 문제였다. 처음에는 30번째까지 그려 보면 되겠다고 생각하고 바둑알을 그리다가 헷갈려서 다시 세게 되니 시간이 오래 걸리고 짜증이 났다. 그렇지만 포기할 수 없어서 곰곰이 생각해 보니 규칙이 반복되는 곳을 끊어서 규칙을 찾으면 쉽게 풀릴 것 같다는 생각이 들었다. 검정색, 흰색, 검정색, 흰색… 이니까 무조건 홀수 순서에는 검정색, 짝수 순서에는 흰색이 온다. 그래서 30번째 바둑알은 흰색이라고 생각했다. 수학은 어려운 것 같지만 빨리 풀려고 하는 것보다 곰곰이 원리를 생각하면 스스로 해결할 수 있어서 더 자신감이 생기는 것 같다.

정답

20쪽
1. $\frac{1}{8}$, 팔분의 일
2. $\frac{4}{8}$, $\frac{3}{8}$
3. 새롬이, $\frac{1}{8}$

21쪽
1. 딸기 와플 $\frac{1}{2}$과 초코 와플 $\frac{1}{3}$
2. $1\frac{1}{6}$, 가장 많이 먹은 사람은 아빠이고, 가장 적게 먹은 사람은 엄마이다.

23쪽 0.7, 영점 칠

26쪽
1. 0.2
2. 0.5

27쪽
1. 다람이
2. 새롬이

41쪽 922, 1371, 165, 284

42쪽
1. 예) 오늘 빵 공장에서 단팥빵 298개와 피자빵 139개를 만들었습니다. 오늘 만든 단팥빵과 피자빵은 모두 몇 개일까요?
식: 298+139=437, 답: 437개
2. 예) 빵 공장에서 어제는 소보로빵을 139개 만들었고, 오늘은 298개 만들었습니다. 오늘은 어제보다 소보로빵을 몇 개 더 만들었을까요?
식: 298-139=159, 답: 159개

43쪽
1. 일의 자리 수 7+5=12이므로, 10을 십의 자리로 받아올림해서 십의 자리 계산을 해야 하는데, 받아올림한 수를 더하지 않았다.
2.
```
    5 2 7
  + 1 1 5
  -------
    6 4 2
```

51쪽 560, 96, 96

52쪽
1. 식: 7×14=98, 답: 98개
2. 식: 5×10=50, 답: 50개

53쪽
1. 식: 13×11=143, 답: 143마리
2. 식: 3×21=63, 답: 63마리

61쪽 30÷6=5

68쪽
1. 예) 공을 5상자에 똑같이 나누어 정리한다면 한 상자에 몇 개씩 정리할 수 있을까요?
2. 식: 35÷5=7, 답: 7개

69쪽
1. 6, 30÷5=6이므로 숫자 카드 6이 나올 것이다.
2.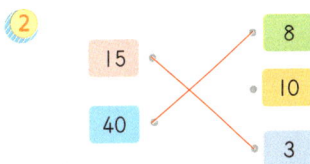

71쪽 42, 3

74쪽
```
    1 6  , 16
3 ) 4 8
    3
    1 8
    1 8
        0
```

78쪽 ①  식: 29÷5=5…4, 검산: 5×5+4=29

② 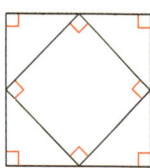 식: 36÷7=5…1, 검산: 7×5+1=36

79쪽 ① 1, 3, 3, 3, 1, 3, 3, 3

92쪽 ① 16개, 10개

②

93쪽 ①

②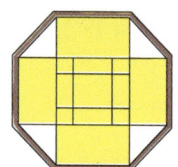

③ 직사각형, 정사각형, 공통점: 변, 꼭짓점, 각이 네 개씩이다. 네 각이 직각이다. 마주 보는 변의 길이가 같다.

102쪽 ① 예) ①을 ⟳ 방향으로 돌려서 맞춘다.

② 예) ②를 오른쪽으로 뒤집은 다음 ⟳ 방향으로 돌려서 맞춘다, ②를 ⟳ 방향으로 돌린 다음 왼쪽으로 뒤집어서 맞춘다, ②를 위로 뒤집어서 맞춘다.

103쪽 ① 2

② 원의 반지름의 길이는 같으므로 선생님 집에서 다람이 집까지의 거리가 2km이면 선생님 집에서 새롬이 집까지의 거리도 반지름의 길이인 2km이다.

116쪽 ① 6cm 2mm는 62mm이고, 3cm 8mm는 38mm이다. 62-38=24이므로 새롬이가 주운 은행잎이 다람이가 주운 단풍잎보다 24mm 더 길다.

② 0.7km=700m이므로, 700m+1km 300m=2km이다.

③ 주차장에서 약수터까지 등산한 거리

는 2km이고, 용문사까지는 2.5km, 즉 2km 500m 남았으므로, 2km 500m−2km=500m이다. 따라서 주차장에서 약수터까지 등산한 거리보다 500m 더 가야 한다.

140쪽

①

순서	첫 번째	두 번째	세 번째	네 번째
딸기 수	1	3	6	10

② 2

③ 3

④ 딸기가 첫 번째에는 1개, 두 번째에는 1+2=3개, 세 번째에는 1+2+3=6개, 네 번째에는 1+2+3+4=10개가 놓여 있다. 따라서 다섯 번째에는 1+2+3+4+5=15개이고, 여섯 번째에는 1+2+3+4+5+6=21개일 것이다.

117쪽

① 1시간 36분 38초

② 11시 50분 40초

③ 12시 40분 16초

124쪽

① ㉯, ㉰, ㉮

② 우유 2L에서 다람이 컵에 따른 우유 250mL를 빼고, 새롬이 컵에 따랐다가 엎지른 우유 250mL와 새로 따른 우유 250mL를 빼면, 2L−250mL−500mL=1L 250mL이므로, 우유는 1L 250mL 남았다.

141쪽

① 123

② 달 가게의 인형 판매량은 32개이므로 해 가게는 32×2=64개이다.

③

가게	인형 수
별	
달	
해	
구름	

125쪽

① 7kg 500g, 4kg 470g

② 4kg 800g−1kg 20g=3kg 780g이므로, 아빠의 고구마 자루가 3kg 780g 더 무겁다.

134쪽 11월 1일은 일요일이다.

135쪽

50원짜리(개)	4	3	2	1	0
10원짜리(개)	0	5	10	15	20

5 가지

사인펜(자루)	4	3	2	1
연필(자루)	2	4	6	8

4 가지

글 서울교대 초등수학연구회(SEMC)

서울교대 초등수학연구회는 신항균 총장님과 서울교대 교육대학원 초등수학교육과 졸업생 선생님들이
아이들에게 수학을 쉽고 재미있게 가르치는 방법을 연구하는 모임입니다.
2000년부터 시작된 이 연구 모임은 초등수학과 교육과정 및 교육방법 등을 연구하며,
초등학생을 위한 수학 학습법 및 현직 교사들을 위한 교수법 개발 등의 다양한 활동을 하고 있습니다.

그림 엔싹(이창우, 류준문)

(주)엔싹엔터테인먼트는 멀티미디어 콘텐츠 전문 개발 기업입니다. 미디어, 전시, 온라인 사업을 하고 있으며
신선하고 창의적인 기획을 하기 위해 노력합니다. 국내 이미지 콘텐츠를 제작하는 인력을 양성하고
해외 시장 진출을 돕는 'ILLUSTWAY' 브랜드를 만들어 일러스트레이터 에이전시 사업을 함께 하고 있습니다.

서울교대 스토리텔링 3학년
수학 친구

서울교대 초등수학연구회 글 | (주)엔싹(이창우, 류준문) 그림

1판 5쇄 펴낸날 2022년 5월 25일
펴낸곳 녹색지팡이&프레스(주) | 펴낸이 강경태
등록번호 제16-3459호 | 주소 서울시 강남구 테헤란로84길 12
전화 (02) 2192-2200 | 팩스 (02) 2192-2399

* 사진 출처: 위키피디아 외
* 출처가 확인되지 않은 사진 자료는 확인되는 대로 조치를 하겠습니다. 연락 주시기 바랍니다.

Copyright ⓒ 서울교육대학교, 2013

이 책의 출판권은 저작권자와 독점 계약한 녹색지팡이&프레스(주)에 있습니다.
신저작권법에 의해 보호를 받는 저작물이므로 무단 전재와 무단 복제를 금합니다.
ISBN 978-89-94780-46-7 63410

이 도서의 국립중앙도서관 출판시도서목록(CIP)은 서지정보유통지원시스템 홈페이지(http://seoji.nl.go.kr)와
국가자료공동목록시스템(http://www.nl.go.kr/kolisnet)에서 이용하실 수 있습니다.(CIP제어번호: CIP2013003587)